遵路识斯真

从"善读善写"走向"读写融合"发展

吴云洁 著

上海科学普及出版社

图书在版编目（CIP）数据

遵路识斯真：从"善读善写"走向"读写融合"发展 / 吴云洁著. -- 上海：上海科学普及出版社，2025.5. -- ISBN 978-7-5427-9013-2

Ⅰ. G633.302

中国国家版本馆CIP数据核字第2025GS9730号

责任编辑　陈星星
封面设计　张克瑶

遵路识斯真——从"善读善写"走向"读写融合"发展
吴云洁　著
上海科学普及出版社出版发行
（上海中山北路832号　邮政编码200070）
http://www.pspsh.com

各地新华书店经销　上海华业装潢印刷厂有限公司
开本 787×1092　1/16　印张 15　字数 223 000
2025年5月第1版　2025年5月第1次印刷

ISBN 978-7-5427-9013-2　定价：56.00元
本书如有缺页、错装或坏损等严重质量问题
请向工厂联系调换
联系电话：021-56475919

序 言 / Preface

让"读"与"写"双向奔赴

传统语文教育把听说读写作为主要学习内容,其中尤以读写为要。对于读和写的关系也一直处于摸索探究的状态。1955年,国家颁布了第一套严格意义上的中学语文教学大纲,分别为《初级中学汉语教学大纲(草案)》《初级中学文学教学大纲(草案)》和《高级中学文学教学大纲(草案)》[1]。虽然不是以"读"和"写"的名目分开,但从汉语教学落实在字词句、文学教育落实在名篇的内容来看,有理由认为这就是读写分离的一次课程实践。之后,在课程层面再没有过类似动作,但课型层面还是不断有老师在实践和总结[2]。从总体上说,主张读写分开的声音并不强势,倒是读写结合的讨论不断出现在我们的视野中。这种讨论基本分为两类:一类是明确读写双方中以某一方为主,提出以写促读或以读促写;另一类则强调两者的结合,包括读写整合、读写融合等。这些都为探究读写关系提供了坚实的基础。而真正要把读写关系考虑清楚,还有两条极其重要的思考路径:一是读写关系的本质性,二是读写关系的当下性。

一、关于读写关系的本质性的思考

从源头上说,读和写就是一体两面的共生之物。一切的书写都是为了阅读。哪怕最原始的结绳记事。"结绳"我们可以把它看作是"前书写",而"记

---

[1] 初中的两套教学大纲1955年7月第一版,后经修订,1956年11月印行第四版;高中的教学大纲1955年7月第一版,后经修订,1956年印行第二版。这次实践仅一年多就宣告结束,1963年以及之后颁布的相关政策性文件就没有再出现课程拆分的情况。

[2] 张心科.语文课程分合论[M].上海:华东师范大学出版社,2022.

事",便是这种书写的目的——某次看(读)到它时能记起某个事实。也就是说,"结绳"(写)是为"记事"(读)而存在的。现代人也是如此,书写行为的背后总是隐藏着被读的动机。可能这个读者就是书写者本人,比如鲁迅说的"写给自己看的"日记,但更多是写给别人看的,鲁迅把"写给自己看的"日记叫做"日记的正宗嫡派"[1],可见还有非"正宗嫡派",也即不完全"写给自己看的"日记。个人如此,人类更是如此。有人曾这样评价甲骨文书写和阅读的关系:"当这些龟甲和兽骨上的文字未被识读之前,只是被当作不值钱的药材出现在大小药店,而一旦上面的古文字被确认,天下震惊,中华远古文明的大门轰然洞开。"[2] 西方的学者同样认为,文字的存在是一种沉默的存在,它们沉默着,直到有人将它们读出。只有当智慧的眼睛与石板上的刻痕相遇的刹那,文字才真正拥有了生命。一切文字都仰仗读者慷慨的朗读。[3] 写作的这一特性决定我们在动笔时会有意无意、或多或少地考虑到后面的阅读,之后的阅读接受理论,也是以此为基础的。巴赫金的对话理论说:一个人的"言谈"总是带有某种观点和价值观的表达,但这种表达不是固定的立场而是一个过程,是在和潜在对象的对话中完成其功能的,并且和其他"言谈"一起构建了话语的公共空间。巴赫金认为,在一场对话中,最重要的并不是首先说话的人,而是倾听的人。因为如果不是期待着回应,我们是不会开口说话的,而且我们是根据可能接收到的回应来组织语言的。如果听者——即使只是一个想象出来的听者,或者我们自我的投影——并不在场,我们可能就不会开口了,即使我们开口,所说的内容也会完全不同于在实地对话场景中所说的。[4] 这种写和读的关系,在《义务教育语文课程标准(2022年版)》中,是以具备一定的"他者"意识来表现的。在"学段要求"的第三学段,要求学生"懂得写作是为了自我表达和与人交流;修改自己的习作,并主动与他人交换修改";第四学段要求学生"写作时考虑不同的目的和对象"[5]。

---

[1] 鲁迅.鲁迅全集 第3卷[M].鲁迅先生纪念委员会编.北京:人民文学出版社,1991:308.
[2] 岳南.南渡北归第一部[M].湖南文艺出版社,2024:109.
[3] [加]阿尔维托·曼古埃儿.阅读史[M].吴昌杰,译.北京:商务印书馆,2017.
[4] [新]史蒂文·罗杰·费希尔.阅读的历史[M].李瑞林,译.北京:商务印书馆,2009:83.
[5] 中华人民共和国教育部.义务教育语文课程标准(2022年版)[S].北京:北京师范大学出版社,2023:11-16.

反过来,一切阅读都是以文本(写)为基础的。苏联符号学家洛特曼认为:文本是完整意义和完整功能的携带者。也就是说,任何一个被赋予了完整意义的客体都是文本。从这个意义上说,即使面对无字碑[1],仍然是一种阅读行为。而"阅读行为本质上就是寻求文本意义的一种活动"。[2] "读"的这一特性决定我们在接受信息时会有意无意、或多或少地去关注文本,关注信息传递的方法,而这种关注又会直接或间接地影响到自己的表达。

我们似乎可以证明写和读是一体两面的共生之物,但另一方面,我们又不能不承认存在读写分离的事实。且不说教学上的读写分离,仅就教学效果而言,就不得不承认一个事实,那就是"读书破万卷"后,未必"下笔如有神"。"即使读者自由自主地阅读了大量适宜的文字,也无法完全熟悉一般写作的规则。就算是博览群书的人也会有难以克服的写作障碍"[3]。于是就出现了一个悖论:从本质上说,写和读是一体两面的共生之物;而事实上,写和读又经常彼此分离,走不到一起。所以就很需要对读写结合进行研究,这应该是本书的价值之一。

二、关于读写关系的当下性的思考

现行教材的每个单元学习任务既有阅读内容也有写作内容,表现出读和写在学习内容上的结合;教师们也努力地探索读写在教学形式上的结合,比如以读促写或以写促读。这些探索当然都是有意义的。以读促写的基本原理是借鉴别人成功的语言经验提升自己的语言表达能力。因为真正好的语言,不是在语法上不出现问题,恰恰相反,是"对普通语言实施有系统的破坏",[4] 学习语言就是规范和创意的博弈。这种"博弈"完全没有固定答案,很大情况下是依靠语感来完成的,而与培养语感关系最为紧密的,无疑就是读写活动。如果说以读促写是借鉴别人成功的语言经验提升自己的语言表

---

[1] 无字碑,位于陕西省咸阳市区西北方50公里处的乾陵,为唐代武则天所立。
[2] 戴联斌.从书籍史到阅读史[M].北京:新星出版社,2017.
[3] [美]史蒂芬·克拉生.阅读的力量[M].李玉梅,译.乌鲁木齐:新疆青少年出版社,2012:128.
[4] [俄]维克托·什克洛夫斯基.现代俄国诗歌提纲[A]//儿托多罗夫.俄苏形式主义文论选.北京:中国社会科学出版社,1989:24.

达能力,那么以写促读则是借助个体的语言经验(有时甚至是困境)去更好地理解成功的语言经验。再进一步,除了传统教学中已被注意到的为写作的阅读(以读促写)或为阅读的写作(以写促读),双新背景下的读写结合有什么新意义呢?

首先,课程改革向我们进一步证实了读写结合的合理性。早在2000年颁布的《基础教育课程改革纲要(试行)》中,就有"课程内容的组织要体现综合性"的提法。2001年《全日制义务教育语文课程标准(实验稿)》也明确提出:"加强语文课程与其他课程、与生活的联系,促进学生听说读写等语文能力的整体推进和协调发展。"自2011版课标开始,便对语文的课程性质有明确的表述:"语文课程是一门学习语言文字运用的综合性、实践性课程。"《普通高中课程方案》(2017年版2020年修订)延续了课程性质的相关表述,并强调"提高学生综合运用知识解决实际问题的能力"。《义务教育语文课程标准(2022年版)》各个部分、各个层面多次提及"综合性":"强化课程综合性和实践性,推动育人方式变革,着力发展学生核心素养"(修订原则);"加强语文课程评价的整体性和综合性(课程理念);倡导设计基于情境的探究性、开放性、综合性试题。"(评价建议)可以说,综合性是本次课改一个至关重要的表征,依据这样的思路,读写结合就不是1+1的简单组合,而是在自然融合基础上的综合性活动。

其次,新课程学习内容的改变为读写结合提供了可能性。自2017年起,课标就是用学习任务群来组织课程内容的,这种组织方法直接指向了学习方式的改变,为读写结合提供了最大的可能性。学习任务群所具有的情境性、实践性和综合性特征,和读写融合几乎是天然契合。读和写呈现在一个综合性的学习任务中,不是单纯地以读促写或以写促读,而是经过整合的"双向奔赴",实现学习内容和学习方式的革命。早就有学者对"旧有的、只专注于投入高效化的读书方式"提出质疑,反思"长期以来,我们总是立足于接受而非创造的立场"[1]提出要"为了产出而快速阅读"[2]。这种"产出"对一

---

[1] [日]松居直.我的图画书论[M].郭雯霞,徐小洁,译.乌鲁木齐:新疆青少年出版社,2017.
[2] 彭小六.洋葱阅读法[M].北京:北京联合出版公司,2018:131.

个学者或作家来说,可能是"著书""立说"[1],而对大多数人来说,可能范围更大。是一种"可以创造价值的产出型读书"[2]。这就为读写结合打开了一片更为广阔的天地。它不仅强调读和写相互依存的共生关系,而且指向了学习方式的变革。

建平中学的吴云洁老师长期以来一直在探究读写融合的问题,我们有过多次的交流,以上的一些想法就是和吴老师讨论后的结果,而她,还有个更大的成果,就是眼前的这本书。吴老师嘱我作序,我姑且附骥尾,略陈管见。相信这本书的阅读者不仅能看到我们思想的碰撞,更能收获很多有实操性的成果。

华东师范大学中文系教授
2025年初春于上海

---

[1] 日本学者斋藤孝说过:"书是作为读物而存在的,这是普遍的看法。然而在我看来,书是为了读后'著书''立说'而存在的。"
[2] [日]原尻淳一.高效能阅读[M].程亮,译.南昌:江西人民出版社,2017:203.

目 录 / Contents

第一章 遵其路:"读写融合"之本 / 1

第一节 "读写融合"的起点 / 3
一、从"三一贯"教育观说起 / 3
二、"双新"背景下的"善读善写" / 5

第二节 "读写融合"的聚焦点 / 8

第三节 "读写融合"的发展点 / 13
一、面向"以学生为主体"的教育转型 / 13
二、面向"重视学好母语"的教育追求 / 14
三、面向"适应时代与未来"的教育发展 / 15

第二章 识斯真:"读写融合"之道 / 19

第一节 "读写融合"的理据循证 / 21
一、从"学习"说起 / 21
二、学会学习 / 25
三、学习方式 / 29
四、学习成果 / 33

第二节 "读写融合"的主要原则 / 36
一、从育人目标的指向出发——关注学科核心素养 / 37
二、有课程意识的站位思考——指向学习任务群 / 38
三、以教材单元结构作为参照——基于单元学(研)习任务 / 44

四、以单课（篇）教学作为学习原点——建构课文与单元联系 / 47
　　五、以过程评价作为学习反馈——体现"教学评"一体化 / 52
第三节　"读写融合"的模型建构 / 55
　　一、建立模型 / 55
　　二、呈现特点 / 57
第四节　"读写融合"的路径探索 / 67
　　一、目标——指向素养　融合读写 / 67
　　二、任务——依据单元　落实教材 / 70
　　三、活动——实践创造　在"做中学" / 75
　　四、评价——多元综合　学评一体 / 80
第五节　"数智"赋能"读写融合"创新发展 / 83
　　一、开发构建　"云端"资源 / 84
　　二、数字平台　收集整理 / 87
　　三、支架带动　学习"可视" / 88
　　四、互动分享　"双线"交流 / 90
　　五、全面展示　"数智"成果 / 92

第三章　入乎境："读写融合"之课堂实践（课例举隅）/ 101

　　探寻史传文学深蕴的理想人格——《烛之武退秦师》/ 103
　　核心问题驱动下的读写融合实践——《鸿门宴》/ 115
　　思辨阅读　理性表达——《六国论》/ 126
　　"史论"的评说——《过秦论》/ 137
　　游走在"新闻"与"小说"间的报告文学——《包身工》/ 146
　　概念辨析的论述语段写作——《乡土中国》/ 163
　　实录历史　多元表达——单元研习任务 / 176
　　登临感怀诵诗味　"双线"融合读经典——《登岳阳楼》/ 191
　　"数智"融合的逻辑之旅——《逻辑的力量》/ 204

第四章 悟其意:"读写融合"之思 / 217

第一节 学生的"真学"与"深思" / 219

第二节 "真实教学"与"内生动力" / 221

第三节 课堂的"形变"与"坚守" / 223

第四节 教学的"创新"与"发展" / 225

后 记 / 227

第一章

遵其路："读写融合"之本

五十多年前,语文教育前辈叶圣陶先生结合个人实践,满怀深情写下了《语文教学二十韵》,这是叶先生阶段性思想的一个总结,为我们指明了阅读与写作正确的方向,可谓大道至简。今日读到《语文教学二十韵》,仍然感觉常读常新,其中的文字语句依然那么温暖而有力,真诚而有情,成为我们教育工作路上的箴言。当前"双新"背景下,这更是给予我们勇气与信念,坚持去探索语文学科教育的本质,深入理解叶先生提出的"善读善写"理念,在遵路、识真、入境和悟理的教学发展规律中,进一步深耕开拓,走向追求"读写融合"的发展之道。

第一节 "读写融合"的起点

一、从"三一贯"教育观说起

"吾道一以贯之者,贯,统也。"[1]

子曰:"吾道一以贯之。"《论语·里仁》疏:"贯,犹统也。譬如以绳穿物,有贯统也。"用一个根本性的事理贯通事情的始末或全部道理,这个解释即为现在公认的训诂。孔子想说的是,他所讲的道是用一个根本性的事理去贯通事情的始末和全部,简而言之,谓一种道理贯穿于万事万物。

徐观之总结出叶圣陶语文教育精髓:"三一贯"语文教育观,即指读书、作文、做人"一贯";"语言、文字、思想"一贯;"知识、能力、习惯"一贯。这里的"三一贯",应该既包含长期以来我们一以贯之的语文教育之本,同样也指语文教学内容、学科知识、技能与育人在本质上又是同一个道理。

叶先生首先将读书、作文与做人联系起来,将其作为"三一贯"之首,可见对此点的重视。阅读与作文,并不仅仅是对读写内容的理解,技能的训练,其根本指向的是为培养人,培育学生成为什么样的人。其意义在于能让学生学以致用,一方面在阅读中吸收精华,获得精神滋养;另一方面在写作中抒发真情,表达自我思想观点,而最终更是要能立足社会,学会做人,做什么样的人。从读与写的学习中,学生获得正能量,能树立正确的三观,从长远看,更能激发学生努力争做有理想目标、有责任担当,对国家社会有用的人。

---

[1] 何晏 注,邢昺 疏.论语注疏[M].北京:中国致公出版社,2016:57.

正如叶先生提到的"阅读和写作两项是生活上必要的知能"。[1]

"必要的知能",是指出了阅读、写作在现实生活中的不可或缺,必须掌握,不仅"知道"还要能"做到",真正内化为自己具备的知识和能力,成为自己的品格和人生追求,在为人处世、待人接物的过程中表现出来。就某种程度而言,阅读、作文与学会做人的"一贯",揭示的是三者内在本质的一致性和其内核根本的同理性。这样,我们就不会简单而浅表地理解阅读与作文,也不会随意而机械地教学阅读与作文。叶先生的教育思想精髓,对我们实际的教学启迪非常大,在教育改革的当下有重要的指导意义。

对于"语言、文字、思想一贯",强调的是语言、文字与思想的关系。语言、文字的重要性不言而喻,可以被视作一种符号,符号即一种标志形式,如果它们只是一种客观存在的形式,本身并不代表思想。但是我们又需要注意,语言、文字会影响到个体思想的形成与交流。马克思说:"语言是思想的直接现实。""思想的实在性表现在语言之中。"这说明人们思维活动的结果、认识活动的结果,是由词和句子的组织记载下来、表现出来,也就是由语言、文字表达的。这样一来,语言、文字使得表达者本人的思想被阅读者或听者了解,这也再一次说明,脱离语言、文字的思想是不可能产生,也是不可能存在的。思想就是由语言、文字由一定的组织形式构成的,此三者的"一贯",强调的则是语言、文字与思想形成之间是相互依存、相互影响,在交互中又存在一定的复杂性,这也是我们在语文教育中必须要加以重视的。

当然,我们还有必要对"思想"和"思维"进行辨析。思维和思想是两个不同的概念。思维,通常指思考、思索,又引申指用人脑借助于语言对事物的概括和间接的反应过程。思维也要依靠语言,因为思维过程一般需要概念、判断、推理,概念就是由语言、文字组成的,没有语言、文字,概念、判断、推理都将不存在。由此可见,语言既是人们互相交际、交流思想的工具,同时又是进行思维、形成思想的工具。思维是思想形成的过程,思想又是思维活动的结果。"语言、文字、思想一贯"向我们揭示语言、文字对于思想形成的重要影响,仅仅读"死"的语言文字是不可能激发出活跃的思维,也不可

---

[1] 叶圣陶.给语文教师的建议[M].长沙:湖南人民出版社,2022:56.

能形成有价值的思想。语文学科教学语言、文字，不能鹦鹉学舌，人云亦云，而是要从语言、文字中学到精华，获得审美，更要能灵活运用，提升和发展思维，才能逐步积淀思想。

谈到"知识、能力、习惯一贯"，不禁想到"必先有习，乃得为之。……孔子曰：'少成若天性，习惯如自然。'"[1] 温儒敏老师也一再提到，要把培养阅读兴趣与习惯，当作语文教学的头等大事。不同时代的教育家，都在向我们强调学习与养成"习惯"的关系。所以，学习的目的是什么，语文学科教育的目的是什么，其实质并不是在于获得知识的多少。《新课标》中也指出，语文课程是为了学生"进一步提高语文素养，形成良好的思想道德修养和科学人文修养，为终身学习奠定基础……"。素养如何提高，修养如何形成，终身学习如何实现，都是离不开一种"习惯"的培养，只有让学生个体能够自然、自驱形成学习行为，那么，我们的教育才是达到了目的，才是有意义的。学生知识的获得，能力的培养，最终都是为了育人，学会学习，主动学习，积极学习，发展自我，提升自我，这样才是人才培育的根本目标，也是我们国家、社会、民族未来的希望。

所以语文是我们日常不可或缺的工具，存在于人类社会的各个领域；而语文课程的价值重在育人，学习语文是为了更好地帮助学生养成使用语文的良好习惯，掌握其工具性特点来面对生活。我们不仅需要传授基本的、系统的读写知识，还要将这些知识促成智力的发展和习惯的养成，才能使学生终生受用。

二、"双新"背景下的"善读善写"

"善"是会意字，表示使事情向好的方面发展，如果一个人能把某件事做得很好，说明他擅长于这件事，所以"善"又表示擅长，比如，我们常会用到善于辞令、循循善诱、长袖善舞、英勇善战等。

---

[1] 出自《汉书·贾谊传》。

为什么对于阅读和写作,叶圣陶先生特别提出向"善读善写"方面努力?

阅读与写作是两种不同的智力活动,古人从大量的写作实践中认识到读与写二者之间是有着密不可分的联系的。"读书破万卷,下笔如有神""劳于读书,逸于作文",古语名言早已经揭示了读与写的互促作用。

正是因为阅读和写作是语文学科学习的两大主要任务,叶先生提出了"善读善写"的观点,"读与写的关系密切。善读必易于达到善写,善写亦有裨于善读。二者皆运用思考之事,皆有关学科知识与生活经验之事,故而相通。"[1] 这从二个方面阐明读与写的本质及关系:第一个层面肯定了阅读是写作的前提基础。"善读",更强调阅读类型的广博、阅读内容的理解、阅读过程的积累、阅读方法的掌握,有了这样"善读"的基础,写作就更易达到"善写"的层级;第二个层面,则意在表明写作是阅读结果的外显方式,不同的写作成果都是"善"的层级和类型的表现。"善写",不仅包含学生表达自己的态度、观点、理解、看法、认识,还包括自己的创见、创作、仿作等,学生一旦在写作中形成自我表达的欲望和动力,有主动性和积极性去落笔写、去主动言说,那么,这样的"善写"必然会影响、激励、促进"阅读"。

当前《新课标》中学生语文学科核心素养的培育与叶先生重视学生的"善读善写"目标相趋同。叶先生提出"善读善写",对读写学习活动的重视,不仅明确读写的互促共效,且进一步阐述读写活动的过程离不开思考,读写活动与语文学科相关,与生活实际相联。联系《新课标》中的相关论述,语文课程目标中说明"学生通过阅读与鉴赏、表达与交流、梳理和探究等语文学习活动,在语言建构与运用、思维发展与提升、审美鉴赏与创作、文化传承与理解等方面都获得进一步的发展"。由此可见,其一,"读与写"确立的是语文学习的两大主要活动形式。(当然,这并不是排斥"听、说"这两项,"听"可以视作另一种感官方式接受的"读","说"也可以视作是在头脑中思维"写"的表达。)其二,读写的"善",其根本也是指向了语文学习过程中的思考,语文学科中语言知识的掌握与运用,以及审美鉴赏能力和文化层面的理解等,这与语文学科核心素养包含的四个方面也是不谋而合。

---

[1] 叶圣陶.向善读善写方面努力[M]//叶至善,叶至美,叶至诚.叶圣陶集.南京:江苏教育出版社,1993:151.

王力先生在《漫谈中学的语文教学》中提到："中学语文课的主要目的应该是培养学生的阅读能力和写作能力,特别是培养学生的写作能力。"[1] 作家郑义在《回忆我们的语文课》中提出："语文学习的最终目的无非是阅读和写作,并非解词,分析段落大意。"[2] 从古至今,研究者们都在重视读与写,在"双新"背景下,我们研读叶圣陶先生的教育思想,深入学习和理解叶先生提出的"善读善写"的理念核心,不仅明白了"善读善写",更要去悟道明理,知其然,知其所以然。读写活动是教学的手段而不是为了追求功利性目的,读写学习是学习方式而不是流于表面的形式主义。"善读善写"是语文学科教育的基本途径,而"双新"视域下的"善读善写"更是为了实现核心素养的培育和学科育人的价值追求。

此刻,"双新"视域下,我们与"善读善写"相遇,更深悟其具有跨越时空的魅力。

---

[1] 王力.漫谈中学的语文教学[M]//王力.王力论语文教育.郑州:河南教育出版社,1996:289.
[2] 陈涛,张东炎,王晨.专家作家谈语文学习[M].北京:语文出版社,1985:265.

第二节 "读写融合"的聚焦点

从宏观层面看,"融合"是对传统"读写"教学理念的正向发展。

通常对于读写教学的理解,我们认为是关于阅读指导与写作训练两种教学内容的合称。从课型上,分别称为阅读课和写作课。阅读课,教师主要是指导学生学会阅读文本的方法,理解文本的思想内涵,能积累经典名句;写作课,则主要是对写作方法的指导和仿作训练,让学生能表达思想,提高写作能力。所以,课堂教学的主要内容大多是或阅读、或写作择其一,内容相对集中、针对性比较强,"读与写"的指向性明确,我们习惯于将这样的阅读课与写作课总称为"读写教学"。

古话说:"读书如销铜,作文如铸器。"这告诉我们,读书就像熔化铜一样,如果我们把铜聚集放进火炉后,就需要不停地鼓风,铜不化则风不能停,这个过程非常艰辛。其隐含之意,即说明阅读也是类似的,读书需要投入和付出,阅读十分重要,也是必不可少的,只有通过广泛的阅读,才能积累足够的知识和经验。同理,写文章就如同浇制器皿,铜熔化后,如果按模具铸造,器皿的冶炼则能轻松完成。所以,一旦积累了足够丰富的知识和经验,写作就能变得相对容易,写作时表达思想和观点就更轻松了。这句古话形象地描述了阅读和写作的过程,也揭示出读书与写作二者间的相辅相成,只有重视读书,经历过"劳于读书",在写作上才能驾轻就熟,达到"逸于作文"。

其他,诸如"读千赋则善赋""读书破万卷,下笔如有神""熟读唐诗三百首,不会作诗也会吟""熟读胸中有本,勤写笔下生花"……自古以来,人们就已经充分认识到读与写的重要性,并且都是将读与写相提并论。读得越多,越有助于写作;积累得越多,越得心应手。读与写,虽然是两项不同的行为表现,但是在这一组相对独立的学习行为过程中,存在着效果上的联动反馈,这也为我们之后探索"融合"发展提供研究基础。

再看近现代的发展,从学科教学角度对读写研究的认识,又渐渐深入和细化。

叶先生说,"同样是课文,在阅读教学中它是作为训练阅读能力的'材料',在写作教学中,它才是需要分析文本形式的'示例'。""将听、说、读、写的'方法'(技术的训练)与'内容'相对而提出,而不是像以前那样将文本'形式'与'内容'相对而提出的。"[1] 叶先生认为的读与写,从原来两项独立开展的学习行为,又认识到其在对于同一文本学习上的功能,即读与写是同时具有方法和内容上的学习价值,既可以进行阅读技能训练,也可以进行写作示例的模仿;既可以对文本内容进行解读剖析,也可以对文本理解有自主表达。"思绪与技巧自能渐有提高。我谓阅读为写作之基础,其意在此。若谓阅读教学纯为作文教学服务,则偏而不全矣。"[2] 叶先生的话语更深刻地启示我们,"读与写"的学习目的是让学生获得思维的发展和方法技能的提高,"读"给"写"带来成果,而"写"又需要反过来促使学生再读、再理解,"读与写"的根本是关联学生的思维逻辑与学习习惯。事实上,单一的为读而读、为写而写,都难以真正渐进善读善写。所以,指向思维和方法的读写教学,也成为当下探索"融合"发展的重要前提。

当前,基于"双新"的时代背景,我们对"读写"教学的认识又提出"融合"发展的追求,这既是对传统"读写"教学的守正,也是在守正中又对读写的"融合"发展再往前迈出探索性研究的一小步。

古语说"君子独处,守正不挠","守正",即坚守正道。温儒敏在谈新教材的编写和使用上的变化时,也强调新教材并非对过去的推倒重来,而是在原有基础上的"守正创新"。我们对于"读写"教学的坚持和重视,是一以贯之地保持与坚守语文学科教学的核心。再者,语言文字是人类社会最重要的交际工具和信息载体,思想交流和表达离不开语言。"表达,包括说和写;

---

[1] 张心科.重新认识"语文教育家"叶圣陶[J].课程·教材·教法,2024,44(4):88-96.

[2] 叶圣陶.语文教育书简[M]//教育研究40年典藏·课程与教学论.北京:教育科学出版社,2022:9.

接受,包括听和读。听说读写四个方面既有区别又有联系,各有各的特点,不能相互替代。其中某一个方面的能力的提高,对另三个方面能力的提高都有促进作用。"[1] 由此看来,我们应当要重视和坚持发展学生的读写学习能力(把"听""说"归于读写的范畴中,"听"是读的表现,"说"也是"写"的表现),在"读写"中学习母语,掌握运用好母语,把握祖国语言文字的特点和运用规律,从而加深对祖国语言文字的理解和热爱。这都需要我们坚持守正,只有持续不断地通过读写教学实践,才能深刻领悟和理解语文学科学习的意义和价值。

当然还要说明,守正并不是固守一隅、墨守成规,守住的是本质核心的正确,坚守的是基本发展方向的正确。叶先生的教育思想一直是在持续的实践、反思和修正中发展,这也促使我们要不断去思考、去研究"读写"教学,有无提质增效的方法,有无改善、提升的空间等。"要让学生投入对知识的探究、炼制和生产为荣",[2] 这也在促使我们进一步积极探索"读写融合"发展的可行性和必要性。"读写融合"并不是简单的"读"与"写"的叠加关系,也不是随意地将"读"与"写"混合杂糅,它是语文多样化的学习样态,指向学生言语学习的实践过程,旨在实现对学生语文学科核心素养和关键能力培育。不脱离读写学习的本质,而是在融合中创造性地深化对知识的理解。因此,笔者认为"融合"是对传统"读写"教学理念的正向发展。

从理念发展到落地实施,更具体来说,走向"融合"是"读写"教学奔赴"双效"的优化策略。

"融合",物理意义上指如熔化那样融成一体,心理意义上更倾向融为一体。"双效"是指读写任务既不断推进、趋向融合,又在融合中不断进阶发展,指向学科"核心素养"与"关键能力",实现"读"与"写"的"双效"。所以,从具体教学层面看,"融合"是在一定情境中构建的读写任务,并且读写任务有层级发展,从"读写"到"再读再写",再继续进阶发展,在这样的读写学习过程中融合学生学科素养和能力的培育。简而言之,这是一种融合素养的

---

[1] 张志公.谈语文教学中的阅读问题[M]//语文教育名篇精选.福州:福建教育出版社,2021:248.
[2] 安德烈·焦尔当.学习的本质[M].裴新宁,译.上海:华东师范大学出版社,2015:166.

读写学习，也是指向素养的读写融合教学策略。基于此，可以说"读写融合"发展是对已有的读写教学策略进行发展性研究，又在不断提炼和优化过程中进行探索性思考。

事实上，对于"读写"关系的理论和实践研究，经过了比较长的发展阶段，在科学探究"读写"关系的道路上，认知科学理论树立了"读写"融合观，提出"读写融合"中的"读写"关系呈现特点是一体两面，互为本位，相融共生。

从学科角度看，"阅读和写作都属于人类凭借语言文字交流、认识、体验从而促进发展的思维活动。"[1] 再从语文教学视角分析，"阅读"是学生主体将所获得的外部信息向内吸纳和存储的过程；"写作"是学生主体将所获信息经过思考、理解和内化后，逐步有序地向外输出和运用的外化表现。正因为"读"与"写"呈现相互对等的关系，本质相同而方向相对，故其二者犹如人类的"呼"与"吸"，缺一不可，既本质关联而又密不可分。教学过程的任何环节都不能仅关注其中一方而忽略另一方的价值，否则将直接影响学生的读写能力生成，而导致读写生态的失衡。"在语文教学中，培养写的能力是目的，培养读的能力也是目的。写有训练写的方法，以提高写的能力；读也有训练读的方法，以提高读的能力。读与写，无疑有密切的关系，两者互相影响，互相促进，但毕竟不是一回事。"[2]

我们从教学层面提出读写"融合"发展，是积极践行由"知识本位"向"素养本位"的课堂转型，不再拘泥、狭隘地看待"读"与"写"，不再孤立地割裂"读"与"写"，更不是静态地固化"读"与"写"。教学中的"读写融合"发展，更包括在情境中完成的任务型读写，在问题解决中的实践型读写，在动态发展中的综合型读写。可以说，提出"读写融合"发展是一种读与写共生融通的过程性策略，它是在过去关于读写教学理论的基础上发展前进，旨在实现"读与写"的双向互动、相互渗透、循环往复、进阶发展。它并不是机械地把"读"与"写"进行组合附加，而是将读写思维作为"读"与"写"的结合点，不断循环往复和推进深入的过程中提升"读"与"写"的能力，在"读与写"双

---

[1] 汪靖,黄雯倩.基于自我调节学习理论的语文读写一体化模式建构与实证研究[J].课程·教材·教法,2024,44(1):91-97.
[2] 张志公.关于阅读教学和写作教学的几个问题[M]//语文教育名篇精选.福州：福建教育出版社,2021:255.

向奔赴、融合发展的过程中,追求实现学生语文核心素养的培育和关键能力的提升。正是在这样的读写学习"双向"奔赴中,积极实现教学的"双效"目标。

总之,在"双新"背景下,我们致力于探索"读写融合"的策略优化,循证"读写融合"的双效共生,究其本质,是因为探索读写的"融合"发展有其现实意义和实践价值,也将有利于激励和推动实现高质量的现代课堂学习效能。

第三节 "读写融合"的发展点

从叶圣陶先生的"三一贯"教育思想为研究起点,又在"善读善写"学科理念的启迪下,我们继续深入探索"读"与"写"走向"融合"发展,这是一个不断在思中学、做中学、学中做、学中创的发展过程。当然,我们在追求读写走向融合的同时,还要更深刻地认识到"融合"不是就事论事的固态,不是单一走向的一根直线,"融合"更不是简单叠加的加法,面对当今教育的未来发展,我们还要从"面向"学生、"面向"母语学习和适应时代需求的三个维度,去循证、去更好地实践"读写"走向"融合"之路。

一、面向"以学生为主体"的教育转型

身处时代的进步和世界复杂多变的形势,今天的教育正面临种种挑战。作为教育工作者,我们深知肩头责任的重大,也深感其中的多变与复杂。《论语》中记载四子侍坐,孔子"亦各言其志也已矣",让我们看到最早的课堂就是从老师问志、弟子述志开始的,师生对话的氛围轻松而不失礼,畅言而不乏理,交流中启智明理,这是万世师表孔子的课堂。

然而长期以来,我们固守于"知识为本、讲授为主"的课堂模式,习惯于师者中心,一味传授讲习训练,满堂灌填鸭式地教,满足于"我"(教师)来说,似乎满眼满心都装着学生,似乎"我"都讲过了就可以安心了。事实上,学生学到了什么?真正学会了吗?非也。结果总是那么低质低效,为什么呢?古希腊哲学家苏格拉底认为:"学"是有成果的,"教"则是虚假的。老师教

的不是"学科",而是"学习方法",学生从而学到该学科的知识。这种看法使他成为阿波罗神话中"希腊最有智慧的人"。

同理,我们反思今天的课堂,学生应当成为课堂学习的主体,课堂应当成为学生学习的场所,亟待把课堂还给学生的呼声一再响起。课堂的起点应当是学生的需要,学生的问题和困惑才是今天课堂学习的起点,解决学生的疑问和难点才是今天课堂的重点,要真正让学生成为课堂上的"发光体",从"要我学"向"我要学"的转变,从"教"向"学"的转变,从"传授讲练"向"素养培育"的转变,这才是今天真正需要的"学习中心"的课堂。

所以,面向以学生为主体的教育,走向教育理念和教学课堂的转型突破,其目的都是更好地培养和发展学生面对复杂问题的解决能力、批判性思维和创造力。

二、面向"重视学好母语"的教育追求

母语是我们日常交流的工具,也是认知世界的基础,对个人成长和文化传承具有重要意义。因此,学好母语、掌握母语也是认同自身文化的一个重要标志。都德的小说《最后一课》,当乡村学校从此再不能学习祖国语言,那一刻,每个读者的心中不禁会升腾一种激情,民族的语言是民族之本,立身之根,民族语言代表的是一个国家、民族的尊严。基于此,作为母语教育的语文学科,承载着党的教育方针和教育思想,是国家意志在教育领域的直接体现,在立德树人中发挥着关键作用。只有将母语学好,理解语言的魅力,才能真正热爱祖国语言,热爱中华文化,提升文化自信;也只有能熟练掌握和运用母语,才能真正领悟其内蕴,促进表达交流,在民族语言中获得文化精髓,继而传承并发扬。

"国文不能单纯训练语言文字,还要进行思想教育。国文是各种学科中的一个项目,各种学科又像轮辐一样辏合于一个教育的轴心,所以国文教学除了技术的训练而外,更需含有教育的意义。'含有振起民族精神,改进社

会现状之意味者'。"[1] 叶圣陶先生所提出的国文学习也正是当前母语教育的深层价值所在。

与此同时,我们也需要认识到,无论学习哪一门学科,归结一点是需要认清我们为什么要学,只有想清楚了学习的目的,才能使得这样的学习有目标、有方向、有动力,不至于盲目无章法。为什么要学好母语,为什么要重视母语的学习? 我们的母语就是中国的语言,语文就是我们的母语学习学科。如果认同叶先生所说的,"'听'就是用耳朵'读','说'就是用嘴巴'写'",那么语文学科的关键能力可以化约为阅读、写作能力。从理解层面看,是在读与写的学习中获得学科知识;从运用层面看,通过读与写以达到一种习得,对于言语经验的积累从而渐渐形成习惯。"种种方法成为学生终生以之的习惯。因为阅读与写作都是习行方面的事情,仅仅心知其故,而习惯没有养成,还是不济事的。"[1] 因此,我们的母语学习要重视读与写,在理解的基础上熟练掌握,灵活地迁移运用,理解和运用二者间又相辅相成,双效发展,不仅是知识技能的获得,也能促成思维、审美、文化等综合素养的形成。

总之,重视母语学习的教育,出发点在"知",终极点在"行","知行合一"才是学生母语学习的最终目标。而学好母语的根本点在于要重视读与写,不能仅仅停留于知道和认识,漂浮于表层的"能和会",更重要的是能够"运用脑髓、放出眼光",积极从母语文化中汲取精华,滋养品格,传承发扬,让我们民族的语言和文字自信地屹立于世界民族之林,这才是我们面向"重视母语学习"的根本。

三、面向"适应时代与未来"的教育发展

数字化转型背景下,教育正面临前所未有的挑战,教育改革和发展也正是对时代挑战的回应。当 ChatGPT 出现、AI 人工智能技术得到广泛应用时,我们不禁喟叹,在技术和教育的竞赛中,技术发展的速度如此惊人,甚至

---

[1] 张心科.重新认识"语文教育家"叶圣陶[J].课程·教材·教法,2024,44(4): 88-96.

于超越了教育。面对"竞速时代",我们需要去适应,更要有所为,无法预测的种种不确定需要我们用更新的学习去勇于面对,敢于接受。

首先,教师是"授之以渔"还是"授之鱼"?

古语说"授之以渔而非鱼",指向的是方法的学习和习惯的养成。"授之鱼"只能是解决眼前的这一个问题,传授关于这个问题的方法、知识。随着时代的进步发展,"教育不再要求表面的"浅层知识"教学,而是追求"深度知识"的教学,以综合能力带动素养培育,实现深度学习。"[1]从浅走向深,呼唤的是转向"素养本位"的新时代教育革新;从浅走向深,更是需要重视培养学生的学习能力和独立思考能力。在"授人以渔"的过程中,掌握学科本质的学习方法,用方法更好地适应不断变化的环境,在未来遇到新问题时能够自主解决。

从某种程度而言,"鱼"和"渔"同样都是重要的。而单从语文学科的学习来看,语文课程的独立性不是体现在让学生学习掌握静态的体式知识上,"而是体现在学生的听、说、读、写(尤其是读、写)能力和习惯上。""第一必须讲求方法……第二,必须使种种方法成为学生终生以之的习惯。因为阅读与写作都是习行方面的事情,仅仅心知其故,而习惯没有养成,还是不济事。"[2]所以,"鱼"是基础,而"渔"更是促成学会捕鱼的能力,"素养本位"的教育追求,就是引导学生理解本质、掌握方法、养成习惯,真正实现学会学习,实现在"思中学、问中辨""学以用、学中创",用自我内驱力去思考发现问题,用自主行动力去探究解决问题。

所以,在信息爆炸、技术革新的时代热潮中,"一个面向未来的学习者,不应该是社会的冷淡旁观者,而应该成为主动的探索者"[3]始终葆有热爱学习的热情,坚持终身学习的习惯和态度。

其次,教师是"有为"还是"有所不为"?

叶圣陶先生多年前就感叹,语文教改至今,就大面积而言,使每一个中学生都善读善写这个应该达到的目标而远未达到,毕竟已成为公论的事实。

---

[1] 钟启泉.课堂转型的关键在于走向"深度知识"的教学[J].内蒙古教育,2025(1):26-34.
[2] 叶圣陶.大教育书系语文教师的修养[M].武汉:长江文艺出版社,2021.
[3] 尹后庆.学习——面向更好的未来[J].基础教育课程,2024(3):4-6.

原因是多方面的，值得我们每个语文教育工作者深思，其中有一条根本的原因，那就是先生所说："唯有老师善读善写，乃能导引学生渐进于善读善写"。[1] 先生的这番话中指出了两个方面的问题：第一，学生对于"善"读写的目标尚有距离，"值得深思"就是教师"有为"的空间；第二，只有教师"善"读写才能推动学生"善"读写，教师在此处应"有所为"。

的确，时代在不断变化发展，教育改革前行之路也从未止息。从"善读善写"走向"读写融合"发展，旨在对读写的深耕中实现"有为"，在耕耘中走向"善读写"的目标。本质上，"善"读写与"读写融合"发展二者目的是一致的，都是基于"读写"任务，展开实践。"融合"更强调"读写"任务的进阶，并且在"读写"任务的不断推进中，提升"读写"能力，锻炼"读写"思维，养成"读写"习惯，形成学生语文核心素养。因此，深耕细作育良师，基于"双新"背景的"读写融合"研究，师者大有"可为"的空间。

提到"有所不为"，并非指我们的课堂教学不需要教师，教师在课堂缺位、越位、占位都不是我们所倡导的理想教学。所指的"不为"，强调的是教师不要代替学生"为"，而是要引导学生积极主动地"为"。"教师之主导作用，盖在善于引导启迪，俾学生自奋其力，自致其知，非谓教师滔滔讲说，学生默默聆受。善于指导阅读，虽不喋喋言作文，实大有利于学生作文能力之培养。"[2] 其实，看起来"不为"的表象，其背后是教师隐形"为"的推动作用，学生的"自奋其力""自致其知"就是教师"不为"的最佳效果，也如同孟子主张的"自求、自学、自得"。"喋喋言""滔滔讲"已为陈迹，为了回归学生的天性，促进他们智慧成长，我们需要引导他们经历真问题、真探究的学习过程。

于漪老师说过，老师要"教学生越学越高兴"，这就是教师"有为"与"有所不为"的选择，"为"与"不为"都是基于学生的需求，都是为了学生的发展。因此，面向未来的学习，我们要致力于追求实现学生自我觉醒与心灵成长的可持续性学习。

---

[1] 叶圣陶.叶圣陶教育文集3[M].刘国正主编.北京：人民教育出版社，1994:490.

[2] 叶圣陶.语文教育书简[M]//教育研究40年典藏·课程与教学论.北京：教育科学出版社，2022:526.

第二章

识斯真:"读写融合"之道

第一节 "读写融合"的理据循证

随着我国基础教育改革不断深化和发展,我们经历了从过去的教师中心逐步到学生中心的转变,从重"教"到重"学"又进一步探索以"学习"为中心的教学发展之路,成功走向"以学习为中心"的新的教学形态,其根本原因是基于核心素养导向,重素养培育是当下我国基础教育课程改革的基本取向,"学习中心"也成为"双新"背景下落实核心素养目标所需的一种新的教学结构。本章主要从"学习"和"素养"这两个关键词展开探讨,谈一谈语文学科中"读写融合"与学习的本质、学会学习、学习方式变革、学习成果可观察这几个方面之间的关联,继而从"核心素养"的角度探讨其与"读写融合"的关系究竟在哪里,旨在为语文学科教学探索"读写融合"发展找到理据和注脚。

一、从"学习"说起

1."学习"的本质是什么

歌剧表演中,一个歌剧演员仅排演一部歌剧就需要记住十万个音符,还要记住一门完全陌生的语言中上千个句子。西方流行的管风琴表演,演奏者需要同时读四五份乐谱,四肢同时做不同的动作。我们能否学会两只手同时写字或是同时进行三项智力活动呢?可见,学习无处不在,学习会带来意想不到的结果。

在我们身边，学习每时每刻都在发生，不仅仅是学生在学校环境中接受教育被称为学习，事实上，在任何地点、场域或环境中，学习都有可能在发生，且方式各不相同。研究表明，有时学习是有明确目的和意图的，需要付出很多努力，比如歌剧演员，如果希望自己在歌唱技艺上有较高的造诣，或者说要成为一名专业技艺顶尖的专家、艺术大师，那他必须要长期坚持不断地学习，甚至有可能是毕生的努力去学习这一专项。有时，学习看起来又像是一次很随意的活动，似乎发生了又似乎没有发生，又似乎毫不费力就能做到，比如有人意识到自己能计算，自己会骑车、能做家务活等，而其实好像这些并没人教过。那么，究竟如何理解"学习"？学习的本质是什么呢？《人是如何学习的》一书中这样解释道：

"学习"（Learn）是个主动动词：学习是人做的事，而不是发生在人身上的事。人不是学习的被动接受者，即使人并不总是意识到学习过程正在发生。相反，通过在这个世界上的行动，人们会遇到各种情境、问题和想法；通过处理这些情境、问题和想法，他们拥有社会的、情感的、认知的和身体的经验，并适应下来。这些经验和适应塑造了一个人的能力、技能和发展倾向，从而影响并组织着个体进入未来的思想和行动。[1]

这段文字对"学习"一词的阐述，首先强调的是"人做事"，即学习者的主动参与；其次，指出学习一定是在情境中发生，更强调对问题的解决，进而使个体获得经验，积累习得，更激发学习者用所获得的经验去面对未来，适应社会的需求，适应未知的未来发展。

安德烈·焦尔当在《学习的本质》一书中将"学习"定义为"是一种寻找"。或许我们可以更具体地说，"学习"可以被看作是一种持续探寻未知与求索新知的过程，不断地追求中，发问、质疑、表达、论辩，建构知识体系网络，始终在一种开放性的发展变化中不断超越自我。

由此看来，学习的重要意义不言而喻，只有理解学习的本质，我们才能更好地去解读为什么我们当下的教育强调关注学生主体的学，强调"以学习为中心"的教育理念。如何学习？就好比生活中骑单车，想要往前骑行，就

---

[1] 科拉·巴格利·马雷特.人是如何学习的Ⅱ[M].裴新宁,郑太年,赵健,译.上海：华东师范大学出版社,2021:12.

需要一直坚持稳住、踩踏板,才能保持人与车的平衡,才能保证骑向目的地。的确,学习过程是动态发展的,没有终点;学习经历变化复杂,充满冲突。"人是一台学习机器"[1],此语并非狭隘定义人与机器同价,我们应当看到,"学习机器"其本质更是在告诉我们,学习是永动存在的状态,在学习过程中培养自我学习能力,让学习主体即学习者在求知的道路上比原来的自己走的更远,不断得到自我更新,不断获得变化的力量。这就是我们需要正确去理解学习的本质,也是学习对个体的价值和意义所在。

2. 如何用发展的眼光看待当下的"学习"

有研究者提出,当我们的讨论转向学习与教育的问题时,会惊异地发现,科学发展的速度有时似乎是令人吃惊的缓慢和让人不安,而人们对学习和教育的期望却很高涨。我们再来从"学习的本质"审视当下,信息高速发展的数字化时代,我们讨论"学习"的目的何在?

相较过去,长期以来我们对"学习"的理解,更多偏向于是一种接受、录入、记忆的状态,大脑系统有输入、录入未知信息,自我完成记录储存,并能有效转化、输出的过程,就意味着获得了新知,完成了学习过程。然而,这样对"学习"的理解是失之偏颇的,也是比较狭隘的。随着时代的发展,社会的进步,对"学习"的研究更加深刻,新的时代环境下我们对"学习"的认识也有了新的思考和认识。首先,"学习"是学习者思维的发展,这一思维发展过程是伴随着学习者的学习结果不断进阶的,不会中断也不可能停止。其次,随着时代环境的发展变化,我们还需要对"学习"内涵有多维度的思考分析,不仅是学的过程,还包括学习主体对象变化,学习内容与学习质量的评估,既有"量"的宽广度和深厚度,还要有"质"的评价和考量。

"学习是依赖性的降低"[2],这样看来,超越过去传统认知的"学习"过程,其一是更重视对学习者的思维的培养,另一方面,又将学习评价体系融入整个学习的过程,将更促进有效学习。

---

[1] 邱德峰,王思宇,于泽元.学生素养发展为什么要以实践为本位——情境学习理论视角的考察[J].北京教育学院学报,2023,37(2):66-72.
[2] 沈文婷.了不起的学习者[M].北京:中国科学技术出版社,2023(5):63.

3. "读写融合"是语文学习的本质吗

基于之前分析了"学习的本质"及新时代环境下如何正确地看待"学习"的内涵,我们需要再来探讨这个核心问题——"读写融合"是语文学习的本质吗?

说到语文学习,我们肯定会想到"听说读写"四个方面的能力训练和发展。那么,为什么只单单提"读写"这两项?"听说"这两个方面学生就不需要了吗?"读与写"的两个方面"融合",能促进语文的学科学习吗?

的确,"听说读写"是我们在语文学科学习过程中主要运用的语言实践形式。语文学科专家徐思源老师认为,"语"和"文"两个字,涵盖了口头和书面两大方面,也体现了信息的"输入"和"输出"两大环节。因此,我们长期以来十分重视学生养成"听说读写"能力,这也是当前语文教育的基本价值取向;我们在教学实践中,也十分注重对学生"听说读写"能力的培养,并投入了大量精力。

当然,我们需要清醒地看到,长期以来我们所说的语文活动"听说读写",其中似乎更多倾向于对知识、技能的掌握和训练,"听说读写"四者之间相对独立,彼此之间似乎缺少一个明确的核心或一致的目标方向,就"听"而训练"听",就"说"而训练"说",就"读"练"读"、就"写"练"写",虽然学习技能也是学习,但是这样的学习是否能适应瞬息万变的时代?这样的学习收获能适应未来社会对人才的要求吗?答案也是不得而知的。

笔者将原来的四个方面能力概括浓缩为"读""写"两个方面,一定程度是扩大了"读""写"词义的范围,意图将"读、辩、述、说"等口语表达都一并归入"读"的范畴,将"论、评、议"等都归入"写"的范畴。如果我们将学习者对语言文字的"输入和输出"表现,对应到我们的"学习"过程,恰好是能体现"学习"过程信息获取与理解表达的两种"相向"的方式。

用"融合",本质上是为了凸显"读写"的不可脱节和分离,也就是说,一改以往"听说读写"的独立单向发展,更强调"读写"的"双向奔赴、共生互促"的关系。更进一步说,"融合"更强调"读"与"写"是两种思维的交融汇合,最终合成一体,并非简单的"1+1=2"的关系,应该是"彼此构成 > 2"的发展,并且"融合"更致力于培养一种思维的提升,"读写"的进阶形成学习者思维的进阶发展。因此,这样的"读写融合"发展与"学习的本质"是一致的,与当前教育改革发展重素养培育,重视对学生语文学科思维的培育也是一致的。

二、学会学习

1. 什么是"学会"学习

每个人从出生的那一刻起,便与"学习"二字结成了一种共生关系。个体的成长离不开学习伴随,从牙牙学语到逐渐接受教育,再到开始学习读、写、算等,从小学到中学的基础教育学习,再到高等学府接受高等教育,在成长的过程中不断丰富和拓展个体专业领域的知识。

"学习"是如此重要,且不可或缺。那我们就需要对其进行深入思考,探究什么是"学会"学习吗?

之前我们谈到"学习"的本质时提到过,有时,我们为了达到一个目标,要经历一个非常长期的学习过程,其中需要坚持,需要耐力,需要韧劲;而有时,似乎在不经意间就完成了一次学习。可见,"学习"无关时间的长短,所谓的"学会"学习,可能更关乎学习主体对知识的接受和掌握程度,是否能用自身的行为准确表达理解的程度,是否能面对问题或困境能思考独立建构解决问题的策略和方法,抑或是具备能适应不同情境变构迁移的能力。一言以蔽之,"学会学习"就是指善于学习。也就是学习者通过学习,在这个过程中逐步能达到熟悉、通晓、理解、懂得、掌握和领悟,甚至进而还能将所学转化、迁移、突破和创造,和人类的所有活动一样,学习的目的已经不再是其本身,更在于通过学习实践使学习者具备一种面对复杂情境的综合能力和素养,这应该就是我们所定义的"学会"学习。

阿尔文·托夫勒说:"未来的文盲不再是目不识丁的人,而是那些没有学会学习的人。"联合国教科文组织前助理总干事纳伊曼说:"学会学习"意味着受过教育的人将会知道从哪儿能很快地和准确地找到他所不知道的东西。由此,我们能更清晰地明白,"学会学习"的本质内涵并不是你学了多少,学了多久,而是你会了没有,理解掌握了没有,"学会"的程度决定了你学习的效率,"学会"的程度深浅,必然能够显示出你在复杂情境中是否有发现问题症结的"慧眼",进而能展现你解决问题的能力,"学会"的最终目的是使你走向转化所学、迁移、创造的创新能力,"学会"是一个多维层次发展、多向度结构推进的过程。因此,"学会学习"伴随个体成长,动态发展,从没有休止符号。

2. 为什么要"学会"学习

进入21世纪,我们面对着前所未有的挑战和机遇。技术革命、全球化和社会变革正在向我们走来,我们需要重新思考学习是为了什么,为什么我们要学会学习,每一个学习者都必须要重新认识和思考学习的本质是什么,学会学习的本质追求又是什么。

"学会"学习意味着勇于改变过去,突破传统。传统的教育方式已经不再能够满足当今复杂多变的世界所需,仅仅靠课堂环境下单向传递、"喂养"、用"填鸭"的方式去学习,这是学习者被动接受,并不是真正意义上的主动去学会,"学会"是激励学习者的学习主动性,点燃学习者的兴趣点,在这种主动和兴趣的内驱力下,形成对知识的主动占有和获得,并且在"学会"后能勇于改变和突破。

"学会"学习意味着能更充分地适应现在,积极担当。智能时代,"萝卜快跑""AI""云数字"等新兴高科技的面世,更使得在数字技术飞速发展的当下,只有积极主动、灵活地去学、去掌握,才能成为人主宰、控制管理技术的局面,而不是让人被动地受制于机器或技术。只有学会学习,才能有充分的信心和能力去适应当前纷繁复杂的种种变化,才能积极地面对周围当前众多的不确定性,而自主灵活地去担当。

"学会"学习还意味着我们能更好地面对未来,迎接挑战。时代在变化,社会在前进,"学会"的目的是帮助学生培养终身学习的能力,适应未来不确定性的挑战。学习,是通过理解进行自我建构;学会,更是通过掌握进而能自我突破。有人提出,2040年的知识将不再仅靠储存和记忆知识,更需要自主、致用,更需要好的方法。正如卢梭说:"所谓学会学习,就是学会自主学习,学会高效学习,学会学习方法,学会学以致用。形成一种独立的学习方法,要比获得知识更为重要。"[1] 所以,强调"学会学习"是让我们能在新的环境中不断将所学转化迁移,灵活应用,用"学会"来解决问题,在解决问题的过程中历练自我,在分析、解决问题过程中锻炼思维力,学习者综合而全面的个体素养得到培育,也更好地适应时代未来的需求。

在一个日新月异、不得不时刻创新的社会中,我们必须发展一种"质疑文化"[2]。学会学习,让我们清醒地认识到,我们的首要问题不再是获得了多少知识、积累了多少知识,而是通过学习知识获得一种能力,无止境探索的欲望,面对不确定性或不熟悉的事物,让我们始终保持着一种想要"学会"的好奇心。

3. "读写融合"与"学会学习"的本质追求一致吗

前一节分析了"读写融合"与"学习的本质"的关系,阐述了"融合",更强调思维培养,学习者致力于"读与写"的不同学习阶段,将形成思维的发展和提升。那么,我们再进一步探讨"读写融合"与"学会"学习之间,究竟本质焦点在哪里。

对于"读与写"的关系,我们以前大多习惯于说"读写结合",用"结合"一词,仍然是偏向于将"读"与"写"分置,将其作为两种独立的语文学习能力,"读"的输入与"写"的输出,长期以来构成我们语文学科学习的主要内容。但是,这样的"读"与"写"带有一定的局限性与狭隘性,窄化了"读"与"写"的学习范畴,存在一定的缺陷。

而提出"融合"发展,则是为了强调"读"与"写"的互促交汇,在这种交融中表现出一定的读写思考方式或思考程序。同时,"读写融合"又是动态进阶、螺旋上升的,有逻辑地推进;"读写、再读再写、继续再读再写……"具

---

[1] 陈美荣.教育心理学[M].广州:中山大学出版社,2012:167.
[2] 安德烈·焦尔当.学习的本质[M].裴新宁,译.上海:华东师范大学出版社,2015:9.

有一定的延伸性和发展性,伴随着"思考"的读写任务,在有目的地推进中不断深入又不断走向纵深,使得"读"与"写"彼此间构成互动循环机制,表征出一系列有关联的思考逻辑链,而在这样的过程中将有效促进语文核心素养的整体综合发展。

生活中,常常因为各种问题而引发思考。子曰:"学而不思则罔,思而不学则殆。"所以古人很早就为我们阐明了"学"与"思"的关系,一味学习而不思考,就会因为不能深刻理解书本的意义而不能合理有效利用书本的知识,甚至会陷入迷茫。而如果一味空想而不去进行实实在在的学习和钻研,则终究是空中楼阁,一无所得。只有把学习和思考结合起来,才能学到切实有用的知识。

再看"学会"学习,其本质就在于思维与素养的提升,提升思维力,构建思维体系,也正是在这一"思"的过程中获得综合的学习素养。学习者在经历学习,打破元认知,突破固有,并灵活调动自身与知识的关系,应该可以说"学会"了。爱因斯坦曾言:"发展独立思考和独立判断的一般能力,应当始终放在首位,而不应当把获得的专业知识放在首位。"的确如此,对于"读写融合"发展理念的提出,并不在于"读"和"写"的知识和专业技能获得多少,而是在"读写融合"中进一步激发学习的思维力,激励学习的内驱力。我们的"读写融合"是有一定的目标、任务和具体核心问题的,对应不同阶段的"读",开拓视野、获得新知;不同阶段的"写",则是指向学会综合表达和客观评议。另外,我们在"读写"前有一定的基础性学习,而在"读写"中便能随之不断深入思考,在"读写"后更能促成反思,这样便形成"读写"与"思考"的融合发展。曹刚[1]老师说:"为学生迁移、内化某一类文体的读写策略创设必要的学习经历,指导学生逐步掌握语文学科的思想方法。"因此,经历这样的一次次融合发展进阶,使得学习者有学习的动力,有学习的兴趣点,有学习的能力生成,使得"真实学习"的发生,也是"学会学习"的真实体现。

基于此,我们有理由说"读写融合"发展与"学会学习"的本质追求是完全一致。

---

[1] 曹刚,正高级教师、特级教师,上海市教师教育学院中学部副部长,初中语文教研员。

三、学习方式

1. 什么是学习方式

首先,我们需要先理解一下"学习方式"一词的基本意义。"方式",词语意义指人们说话做事所采用的方法和形式,比如我们如何去开展某种活动,是比赛型活动还是合作交流型活动;比如,我们为了实现某个目标所采用的具体方法和形式,是个体独立完成还是群体辅助完成,是网络达标还是课堂讨论等。各种不同的方式对于达成目标的效率也有所不同。因此,为了完成某个目标,对于方法和形式的考量,是非常重要的。

学习方式(learning style),其限定了研究领域是针对学习范畴,一般是指个体在进行学习活动时,所表现出的具有偏好性的行为方式与行为特征。因为年龄、性别等差异,个体在学习过程中所反映出的学习活动必然存在一定的个体间差异;因为学习者所处的地域环境、时代发展、文化理念等差异,个体在学习过程中必然会产生一定的实践偏差,学习方式的随之变化、调控也是必然的选择。当然,由于学习内容(如知识)的类别不同,学习方式的不同产生的学习效果也会不同。

学习方式本质上蕴含着动机、意志、社会情感等诸多非认知的心理品质,所以,选择适宜恰当的学习方式,将有助于培养学习者个体的学习意志力、创造力、合作沟通力、社会情感力等,并能促进学习者的认知策略与非认知素养之间互动衔接、协同发展。

因此,当我们转向"学习中心",以学促学,以学促教时,更强调的是关注学生的学习过程,面对亟待解决的学习方式的变革,专家也一再提出"改善学习生态,呼唤学习方式深度变革"[1]。

---

[1] 王晓芳.改善学习生态呼唤学习方式深度变革[N/OL].中国教育报,2023-03-17[2025-01-10]. https://baijiahao.baidu.com/s?id=1760573074540264029&wfr=spider&for=pc

2. 为什么需要学习方式的变革

一直以来，学习方式的转型面临诸多困扰与障碍，虽然有尝试转变，但也存在短板和不足，然而这并没有限制和约束我们转变的决心和信心。面对"双新"，重视学生的学习方式，促进学习方式的变革，已经成为我们课程改革的重点。当然，面对未知世界的种种不确定性，社会格局与外部环境已然发生剧变。时代前进需要我们求变，社会发展更需要我们求变，这是面向未来、适应将来的极富意义的"变"。

我们为什么要"变"？

这是一个最好的时代，我们适逢最好的机遇。智能时代、数字学习等各种新事物的到来，使得我们不得不慎重反思、重新定义未来教育的本质，我们学习的知识形式及其理念架构，学习的路径及其策略等，都将随之走向突破与变革之路，于变中以求得新的发现，于变中找到新的生长点，于变中实现突破和创造，变具有其独特的价值和意义。

我们在哪些地方可以"变"？

比如，在学习的理念上深化认识，使变革更稳固；在"教学评"一体化体系中"学习"，使变革更精细；在信息技术数字化场域"学习"，丰富学习资源，构建创新型学习模式。"学习的一个主要目标是为学生能够灵活地适应新的问题和情景而做准备。学生的迁移能力是学习的一个重要标志，它能帮助教师评估和改进教学。"[1] 当前对于学习方式变化的需求，更强调自主、探究、合作与互动，而随之我们也看到涌现出深度学习、项目化学习、跨学科学习、混合式学习等多种新型学习模式。

"变"，又给我们带来了些什么？变革学习方式既是坚持素养导向、落实育人为本，也是践行"以学习为中心"的学习理念应有之义。落实这一理念也是与时俱进，适应未来经济社会发展与科技革命的必然要求。

由此看来，在教育高质量发展的新时代背景下，学习方式处于不断变革

---

[1] [美]约翰·D.布兰斯福特,[美]安·L.布朗,[美]罗德尼·R.科金,等.人是如何学习的——大脑、心理、经验及学校[M].程可拉,孙亚玲,王旭卿,译.上海：华东师范大学出版社,2013:68-69.

迭代、转型升级的进程中,推动学习方式的变革与转型具有重要意义。同时,数字技术的高度发展,数字化学习形成虚实结合、多维立体的无边界的学习架构,人机互动、协作学习成为可能,在这样的个性化、自主性、探究型学习环境中实现学习的过程效能与成果质量的双丰收。

3. "读写融合"与学习方式的变革

"'发展'一词是理解学生概念形成过程中变化的关键。认识的改变不仅仅是信息量的增加而造成的,而且还源于概念重组的过程。"[1] 来自许多领域的研究都表明人的早期认知能力是与学习相关的。由此我们可以推论,"读写融合"的发展过程形成的是一种学与创的共生关系,也即当你"读"他人之文和"成"自我之时,二者彼此间形成相互作用力和影响力,在"读"的过程中会结合自身以前的积累,不断激发出阅读感悟,头脑中也会组织成一定的语言文字,而这一语言文字可以被看作是一种新的创造,这种创造又不断驱动学习者再深入去继续"读",学习就是这样真实的发生,这绝不是靠冥想甚至妄想能产生的。正如鲁迅先生曾经针对文学创作说过:"必须和蜜蜂一样,采过许多花才能酿出蜜来,倘若叮在一处,所得就非常有限、枯燥了。"E.L. 泰勒也说过:"具有丰富知识和经验的人,比只有一种知识和经验的人更容易产生新的联想和独到的见解。"(《科学家的思维方法》)这就是学习过程的发展性、创造性,也正因为学习样态的发展变化,"倒逼"我们当下的学习方式必然随之相应变化和革新。

由此,我们再深入看"读写融合"的追求发展,是从"读写—再读再写—继续再读再写……","读写"任务一般基于教材的单元学习基础,在创设特定的情境中去驱动完成,完成主任务,也是在"读写"发展的过程中有进阶,并不是唯一,也不是单项,而且"融合"中呈现一种在情境中的综合性大任务,在完成总的主任务的同时,能培养思维、锻炼学科能力,实现素养目标。

---

[1] [美]约翰·D.布兰斯福特,[美]安.L.布朗,[美]罗德尼·R.科金,等.人是如何学习的——大脑、心理、经验及学校[M].程可拉,孙亚玲,王旭卿,译.上海:华东师范大学出版社,2013:211-212.

这就是在情境中的学习与在完成任务中的学习,学习目标与以往的单一读和写已经发生了变化,学习过程也具有阶段性和层级性,"读写融合"本质上已经表现出当下的学习方式发生了剧变。

其次,在"读写融合"发展过程中,除了情境、任务的要素之外,还有一个重要的点——"迁移","迁移"对于学习成效十分重要。相关专家研究表明,"一个人的学习情境也是促进迁移的一个重要方面。仅在单一的情境中接受的知识与在多样化情境中学到的知识相比更不利于弹性迁移。在多样化的情境中,学生更有可能抽象概念的相关特征,发展更加弹性的知识表征。"[1]读写任务的进阶进一步推动读写学习任务的发展,学习者在读写实践活动中最终完成学习任务,形成一定的读写成果,并获得读写的相关评价。整个过程中,也是不断在积累和内化,继而又不断迁移和转化。曹刚老师说:"有效的'迁移'应是一个富有'弹性'的过程,即能根据新的任务对已有的读写策略采取一定的损益。"专家们都不约而同地提到了"弹性"和"迁移","弹性"的变量、伸缩和张力等,"迁移"的智慧、再生、创造,都能驱动学习者更积极主动地学、更有自信地去创,也使得学习者在读写发展中的适应性与获得感得到认同,在关注学习效果的同时推进下一阶段的任务,不机械、不教条、不刻板,使得学习过程更加活泼而充满趣味。"读写融合"的学习过程中充分而真实地显示了学习效度,在"迁移"中学习者获得高质量学习成果,有效的"迁移"也是自主探究的动态过程,在这样的过程中学习方式不断改进调整,应当成为学习的必须。

值得一提的是,"读写融合"的学习发展,在读写实践中吸收消化,磨砺思维能力,才使得学习者的想象联想能力、类比推理能力、综合分析能力、归纳演绎能力等得到有益的锻炼。并且在"读与写"中更强调了"融合"发展的实践性、综合性、发展性和合作性,与之相匹配的则是我们一贯强调的"做中学","做中学"充分体现了以学生为主体的学习方式,学生不再一味地是被动和被迫,接纳和盲信,更需要形成一定的"问题"思考,去深度思考"读和写"

---

[1] [美]约翰·D.布兰斯福特,[美]安.L.布朗,[美]罗德尼·R.科金,等.人是如何学习的——大脑、心理、经验及学校[M].程可拉,孙亚玲,王旭卿,译.上海:华东师范大学出版社,2013:68-69.

内在的关联及来龙去脉;也可以在融合的过程中观察、发现"读与写"之间的同异或矛盾的状况,从而形成一种对"问题"的深度思考。这,恰恰就是一种寻根究底的学习精神,一种勇于革新的批判精神,这是萌发创新思想的前提,也是创造的起点,目的是更进一步推动学生去学习。因此,创造和问题反过来又成为进一步学习的愿望和求知欲。"学习—问题—创造",形成一个循环往复的发展过程,这也可谓是"博观约取、厚积薄发"的辩证统一过程。

学习方式的变革势在必行,"读写融合"与学习素养的发展也是学生必备,它们与当下教育改革发展之间都有着千丝万缕的关联。帮助学习者思考,支持学习者学习,并且学会学习,明白所学的本质,学习内容内在的关联,以丰富的知识和经验给他们提供思索的材料和广阔的智力背景,才能让他们发现某些事实,找到事实与现象之间蕴藏着的新的深刻的联系,并从中寻觅出新的关系,找出新的答案,这才是"读写融合"与学习方式变革之间本质的关联。

四、学习成果

反思评价是学习的一个重要组成部分,也是重要的环节之一,在"读写—再读再写……"的发展过程中,我们需要借助评价来反馈学生主体在"融合"的各阶段的学习成果质量,这样的学习才更有意义。有专业研究者发现,"为了使学习者获得学习和理解的洞察力,经常性的反馈至关重要:学生需要监控自己的学习,主动评估其策略和目前的理解水平"。[1]

评价既影响教学活动,同时也从根本上形塑学生的学习动机、行为、策略和状态。我们应当充分运用好的评价体系,发挥评价的引领与导向功能,将学习方式纳入以素养为导向的学业质量标准体系之中,引导学生的学习方式逐步向自主、合作和探究转型。

---

[1] [美]约翰·D.布兰斯福特,[美]安.L.布朗,[美]罗德尼·R.科金,等.人是如何学习的——大脑、心理、经验及学校[M].程可拉,孙亚玲,王旭卿,译.上海:华东师范大学出版社,2013:68-69.

1. 融入学习的评价

传统评价"唯分数""唯成绩",功利化、短视化,导致学习方式单一、刻板、机械、低质、低效,违背了学生学习与成长规律。"在评价学习时,关键要看学生对新知识学习所包含的概念的掌握速度,而非在新的学科领域中过早出现的行为表现。"[1] 所以,融入学习的评价,我们需要自始至终观察学生的学习过程,以及在过程中所反映出的各种表现和细节,不断反馈以修正,尽力引导学生,从已解决的任务中,提取出能解决类似任务的同类共性,再用思维导图的方式使学习可视化,评价体系中不能忽略学习观察,建构"教—学—评"一体的学习链。虽然说许多教学方法看上去没什么差别,但是如果我们从学习新问题、解决新任务和情境迁移能力等视角来评估,学习的差异就会更加明显了。所以,学习成果可观察即反映了评价的意义。

2. "读写融合"中的评价

长期以来,传统的教学习惯往往到评价阶段就结束了整个学习,这种做法忽视了评价的深层教育价值。"读写融合"的教学探索打破了这一局限,更强调评价应当成为持续学习的催化剂。让评价发挥最大的效果,通过"读—写—再读—再写"的反复循环,学生能够将评价所得付诸实践,融入新一轮的学习中去,从而实现真正的学习内化,体现了学习的本质。

有什么样的评价标准,就有什么样的学习方式。"教—学—评"一体化体系中,评价与学生的学习方式是有机匹配和相互支撑的。融入"评价"的读写融合学习体系,将评价标准与学习方式相互匹配、相互支撑,共同推动学习效果的提升。在体现学习本质特征的同时,更充分发挥了评价的育人功能。

当然,"学习"所涉及的因素非常多,而且比较复杂,在焦尔当所著的《学习的本质》一书中,其做过类似的比喻:学习如同在冰上滑行,滑冰者并不

---

[1] [美]约翰·D.布兰斯福特,[美]安.L·布朗,[美]罗德尼·R·科金,等.人是如何学习的——大脑、心理、经验及学校[M].程可拉,孙亚玲,王旭卿,译.上海:华东师范大学出版社,2013:68-69.

会直线前进,每次前进并不是直接朝着希望的方向而去,而是滑行轨迹与目标线路约成45°,且自己始终处在不平衡的状态中。每一步都让身体失衡,但很快又可以调整回来,在这种动态平衡中让自己保持站立并前进。我们还可以举一个帆板模式的例子:如果航行者希望沿直线航行到浮标那里,那他只会白费力气,他必须借着风曲折前进。正如帆板要借助风、板和板的偏移才能前进。同样,学生就和玩帆板的人一样,也必须是"曲折航行"。我们可以借此推论理解"读写融合"发展中的"教—学—评"也是动态发展,不可能是单一线性至终的,也不可能只是单向积累吸收,基于读写任务的阶段性和层级性,每个阶段的读写学习成果非常明确,而评价是为了促进和激励,评价的目的也是进阶任务的完成效度,在这样不断地实践和内化、质疑和反思地评价中,将使得"读写融合"地学习过程更加真实更加丰富生动。

有人提出疑问——未来2040年的知识是什么样的?相关研究表明,18世纪时,所有的知识都可以被装进一本百科全书里,而如今,仅神经科学领域每年都要生产出50米厚的出版物。学习者的态度比储存在他大脑中的很快就会贬值的事实性知识更重要。面对如此严峻的挑战,我们需要做什么?我想,需要以积极开放的心态,全面支持学生理解学习,学会学习,鼓励学习方式转变,关注学习的评价;我们需要在这样的"读写融合"发展中,让学生成为具有一种善于对世界和自身提出问题的思维能力的公民,也要善于激励他们成为有能力就社会焦点问题进行辩论的公民,"融合"发展最终指向的是落实核心素养的培育。

第二节 "读写融合"的主要原则

我们要走向"读写融合"发展，必须遵循什么原则依据来做呢？笔者经过认真研读《新课标》内容，把课程目标、课程结构和内容及质量评价等方面与自身教学实际相联系，深入思考，认为走向"读写融合"遵循的主要原则有五个方面：从育人目标的指向出发，必须关联学科核心素养；有课程意识的站位思考，应当指向学习任务群；以教材单元结构作为参照，需基于单元学（研）习任务；以单课教学作为学习原点，要建构课文与单元的联系；以评价机制作为学习反馈，要关注过程与多元评价。

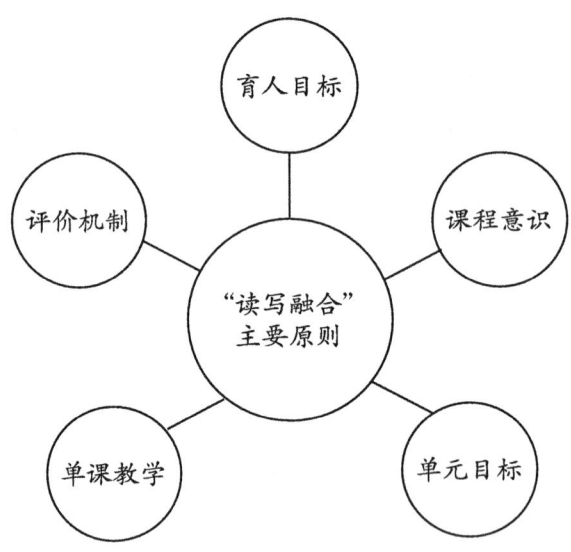

一、从育人目标的指向出发——关注学科核心素养

关于"素养",从中国文字辞源释义,谓由训练和实践而获得的技巧或能力。也可理解为平素的修养。"素"可理解为本来、向来,"养"是指长久的育化。因此,"素养"一词凸显了先天素质与后天教养的结合作用。

核心素养的提出,将会进一步落实立德树人的根本目标,改变教育领域内依然大量存在的"唯分数论"的现象。核心素养的课堂,即核心素养的学习。

新课标背景下,"培养什么人、怎样培养人、为谁培养人"这一根本命题,其核心在于构建以"立德树人"为根本任务的育人体系。

"读写融合"发展作为语文学科教学的一种理念,或者说一种策略,是旨在以培养"全面发展的人"为核心目标,实现教育对人才培养的需求,培养符合新时代社会发展需要的人。

"读写融合"的方向发展符合素养目标要求,然而我们在关注重视"融合"发展的同时,不能忽略二者之间的关联,更不能与《新课标》和教材要求有偏离或者脱节。目标坚持指向素养,是强调"读写融合"的第一原则。温儒敏曾说过,我们为何要不断训练写作?不只是为了学会写文章,更要紧的是通过写作训练来达到思维训练。《新课标》把思维能力作为语文核心素养重要的部分,对改进语文教学有重要启示,因为长久以来,思维能力的培养是语文教学的弱项。所以,"读写融合"更重要的价值在于对学生思维品质的发展。

温儒敏还提出:"语文素养可能很多,通常会想到是指听、说、读、写能力,或者加上文化文学修养等等,但仍然还是处于比较模糊状态。《新课标》提出的'语文核心素养',主要包括四方面,即是语言运用、思维能力、审美能力和文化自信。语文学科的定位这样就清晰了,可以说长期以来关于语文是什么,语文要教什么,学什么等问题的争论,也大致可以终结了。"[1] 从温儒敏的论述中,明确核心素养的内涵,可以让我们对语文学科的定位理解更深入,"素养育人"对于"读写融合"探索的意义指向更加明确,从广义范畴理

---

[1] 温儒敏.遵循课标精神,尊重教学实际,用好统编教材[J].语文学习,2022,(5):4-10.

解语文学科"读与写"的目标,其唯一性和指向性在于素养目标、立德树人。

所以,关联素养是关键,指向育人目标是最重要也是最根本的"读写融合"原则。

二、有课程意识的站位思考——指向学习任务群

《普通高中语文课程标准(2017年版2020年修订)》(以下简称《新课标》)中明确普通高中语文课程有必修、选择性必修、选修三类课程构成。三类课程分别安排7-9个学习任务群。

必修课程中设置了7个学习任务群,笔者对这7个学习任务群中的读写内容和要求的关键点略作梳理(如下表)。

表2-1 学习任务群——读写要求略述(表)

学习任务群	读	写	关键点
整本书阅读与研讨	阅读整本书	梗概、提要、读书笔记、作品评介等	建构整本书的阅读经验与方法
当代文化参与	聚焦特定文化现象;关注当代文化生活。	调查报告;剖析、评价文化现象	开放式学习;建设语文学习共同体
跨媒介阅读与交流	跨媒介的普及性著作阅读	跨媒介分享与交流;辨析、评判,形成结论	实例分析;建设跨媒介学习共同体
语言积累、梳理与探究	积累语言现象的阅读	语言札记	发展语感。增强对语言发展规律的认识
文学阅读与写作	阅读古今中外诗歌、散文、小说、剧本等不同体裁的优秀文学作品。	文学写作(续写、改写);文学评论(杂感、随笔、评论、研究论文)	专题阅读、比较阅读;梳理探究,使所学文学知识结构化

（续表）

学习任务群	读	写	关键点
思辨性阅读与表达	阅读古今中外论说名篇及近期重要的时事评论	学习评说；阐述和论证自己的观点；驳斥错误的观点	专题性学习；注重思维过程和思维方法
实用性阅读与交流	阅读知识性读物类，阅读当代社会常用的实用性文本	社会调查与研究；传统媒体写作与新媒体写作	探究性学习；多角度观察社会生活

长期以来，课堂教学比较强调对学科知识"点"的教授、解析，比较重视技能性的训练，因此，容易使教学陷入线性的、单向传递的窠臼。然而，《新课标》的学习任务群设计，打破以往惯性，改变过去传统认知视野，着眼点重在对学生语言文字运用能力的培养，更强调自主、合作、探究性学习方式，追求语言、知识、技能和思想情感、文化修养等多方面、多层次目标发展的综合效应。

温儒敏在《如何学习语文新课标》中曾指出，"学习任务群"就是学生的"学习内容"，对教师而言就是"教学内容"。经过梳理，我们发现，就"学习任务群"的名称本身，就对"读"与"写"有了明确的导向，如"文学阅读"与"写作"、"思辨性阅读"与"表达"、"实用性阅读"与"交流"、"跨媒介阅读"与"交流"、"整本书阅读"与"研讨"等，名称中出现的阅读语篇类型各不相同，包含了"文学类""实用类""论述类"等。虽说直接提到"写作"的只有一个，但其实"写"的呈现形式是丰富多样的，"交流、研讨"等也可以理解为"写"的另一种表达和呈现方式。

我们再细读、分析"学习任务群"的学习目标和内容，其实，每一个学习任务群都是基于学科的学习语境，明确学习内容、学习方法和学习资源，引导学生在运用语言的过程中提升语文素养。所以，若干学习项目组成"学习任务群"，学习任务都清晰地对读写学习方向作了具体地阐述，即提出了阅读读什么、写作写什么，可以用怎样的方式去阅读和写。以下主要就必修课程相关的七个任务群展开论述。

温儒敏提出"读书养性"，阅读是为了培育毅力，涵养心智，祛除浮躁。"整本书阅读与研讨"安排在十八个学习任务群之首，而且作为"任务群"

在教材中专设两个单元,都安排在必修课上,可见"读"之重要性所在。而根据阅读目的不同,该任务群中也明确提到要能综合运用精读、略读与浏览的读书方法,能通过学习读整本书来建构阅读整本书的经验,最终达成通过"读这一本书"来掌握并学会"读一类"作品。另一方面看,该任务群中还提到阅读一定要有笔记,"记下自己的思考、研究心得",其实这也就是在"读"的同时又强调"写"的重要性。俗话说"不动笔墨不看书",读的过程要有所记、有所摘、有所引、有所注,除此之外,读了以后还要能用自己的语言写出全书的梗概或提要、读书笔记与作品评介,与他人分享,也就是说,"读"中有"写","读"后亦有"写","写"伴随着整个阅读过程,在"读—写—再读—再写"的过程中推进学习。基于此,"整本书阅读与研讨"任务群对读写的学习内容和方式提出的目标和内容,可以充分证明在素养目标下,指向学习任务群的读写融合是必要也是必须的,这是读写融合非常重要的原则之一。

同样,"文学阅读与写作"学习任务群,强调重视结合作品的学习和写作实践,旨在以文学鉴赏和表达交流融汇于言语实践,"读""写"的两条路径十分明确,同时"阅读""写作"也构成任务群的两大主要"学习"内容。

具体而言,"文学阅读"要求学生精读,读古今中外优秀的文学作品;要求专题阅读、比较阅读,读不同体裁的优秀文学作品。通过各种方式的"读",欣赏文学经典作品中的语言、构思、形象、意蕴、情感等,通过各类作品的"读",获得审美体验,认识作品的审美价值,发现作者的独特艺术创造。"写作"则是在"读"的基础上,再梳理、探究和思考,然后用文字传递和表达,"写"更强调基于"读"来总结一般规律,掌握方法特点,"写"从阅读理解、阅读欣赏逐步再走向写作实践、写作创造。比如,在了解文学作品写作的一般规律后,进而尝试续写、改写等文学写作方式,也可选用杂感、随笔、评论、研究论文等方式,写出自己的阅读感受和见解,不断在阅读与写作实践中,积累和丰富文学感受,提升文学鉴赏的经验。

郑桂华教授说:"文学阅读是一种古老的精神活动,有文字书写历史的民族,都有自己的文学传统,都创造过自己的文学经典。在语文教材中编入适量的文学作品,通过阅读文学作品提高学生的语文素养,是各国语文学习的通例,不受国家、民族、时代和文化特质的限制。"[1] 此言一语中的,向我们阐明"文学阅读"的重要性,"阅读文学经典"的重要价值和意义所在。而将"文学阅读"与"写作"整合起来表述的学习任务群,一方面是为了更好地促进阅读和表达紧密结合,另一方面,其深层内涵更是为了促使学生在"读"与"写"中,促进培养学生审美能力,提高审美鉴赏能力和表达交流能力。文学阅读获得审美体验,文学的审美又使得表达更正向生长发展,审美鉴赏中更是不断促进学生的精神成长。因此,该任务群的"阅读"与"写作"学习,不仅渗透了语言、思维、文化和审美四大核心素养,也是学科育人价值的集中体现。正如杨九俊在《语文教学艺术论》一书中提到:"拓开广阔的审美天地,创设良好的审美情境,选择恰当的审美方式,去完善学生的心理结构,提高审美能力。"[2] 可见,指向学习任务群的读写融合发展是应然,也是必然,作为重要原则之一不可忽视。

学习任务群"文学阅读与写作""思辨性阅读与表达"与"实用性阅读与交流"呈现了丰富的课程样态。从文学阅读到审美鉴赏,我们继续进行"思辨性阅读与表达"学习任务群。

语言是是思维的载体,也可谓是思维的外壳,思维则是语言的内核。然而,事实上,长期以来我们对学生的思维训练一直是不够的,尤其逻辑思维训练也是语文教学上的短板,缺少方法,缺乏指导,落实困难。在文学阅读中的形象思维和直觉思维相对比较容易入手。思辨性任务群的学习,是基于思辨性思维的主导,学习"阅读"和"表达"。

"思辨"是思辨性学习的核心要义,"思辨"即辩证地思考。"思"的前提是需要有"读"的经历,而"读"的效果如何,直接可以从"思"的质量高下得到反馈。《墨子·经上》记载:"辩,争彼(彼,指论题)也。辩胜,当也。"史书所记之意,"辩"即对"彼"进行争论,批驳一个错误论点,辨析某些事实之类似,或谓之是,或谓之非。"辩"是非,别真伪的过程,也就是对应学习任务群中的"表达"。由此,对于"思辨性阅读与表达"学习任务群,我们可以理解为是将"阅读之思"与"辨之表达"融为一体的言语实践活动。

---

[1] 郑桂华."文学阅读与写作"任务群的理解与实施[J].语文建设,2019(1):8-13.
[2] 杨九俊.语文教学艺术论[M].南宁:广西教育出版社,1998:10.

"思辨性阅读与表达"这一学习任务群终极指向是提升学生核心素养,所以,它是超越文体思维的。任务群中明确提出"阅读"古今中外论说名篇,"阅读"典型的思辨性文本,"阅读"近期重要的时事评论。"表达",阐发自己的观点要有理有据,以理服人;质疑批判,学习"反驳",要建立在忠实阅读和倾听的基础上,理性而有条理地表达自己的观点,不是误读、乱评;可以专题性学习方式进行讨论和辩论,"表达"理性分析,发展实证、推理、批判与发现。正是强调以这样的思维路径和思维方式,发展"阅读"与"表达",让学生实现真实的学习,培养思辨能力,思维品质得到发展和提升,更实现感性思维和理性思维的和谐发展,学生的思维类型也能因此得到均衡发展。

始于质疑,回归于反思。在读写学习中形成了一个循环往复的思维过程,指向学习任务群的读写融合发展,重在培养学生的思辨性阅读与表达能力、理性思维和理性精神,言语实践活动触摸思维本质,提高思辨能力,发展语文课程培养的核心素养。读写融合遵循原则指向学习任务群有其适切性。

对于"实用性阅读与交流"学习任务群,任务群名称对"读"与"写"直接指明了学习任务的要求,当然,值得关注的一点是,"实用性"一词区别于"实用文"。

"实用性"强调实际效果,实用需要与现实生活中的需求和问题相关,是否能够真正地解决现实问题或者满足需求,而不是抽象的理论或概念,也不是理论上的可能性。由此,任务群的"实用性"向我们说明了学习的核心价值。

另外,任务群中"实用性"的提出,进一步扩大了学生实用文"阅读"的文体类型,不仅引导学生学习当代社会生活中的实用性语文,可选择阅读新闻传媒类,如网络新文体(包括比较复杂的非连续性文本),也可选择阅读知识性读物类内容,如复杂的说明文、科普读物、社会科学类通俗读物等。学生通过阅读这一类型的实用性文本,能了解真实的世界发生了什么,能弄懂事物的性质与原理,也能与真实的现实生活产生关联。正如美国教育家华特科勒涅斯所说:"语文学习的外延与生活的外延相等。"二者"外延的相等"意为语文来自现实的真实生活,既反映了生活的真实又服务于现实生活。夏丏尊先生也曾提出,"文章普遍有两种体式,一是实用的,一是趣味的。实用的文章,为处置日常的实际生活而说"[1],那么阅读实用类文本,真实满足了生活需要,真实解决了生活的问题。"读"的必要性就体现在此。再看该任务群中对"写"的目标内容,要求掌握实用文本,运用新的表达方式,比如,社会交往类可以进行社会调查与研究;新闻传媒类可以以分析研究为主,撰写文字分析报告,对精彩栏目的推荐可以写推荐理由,或可以尝试选择传统媒体和新媒体写作;知识性读物类内容,可以自主选择介绍科普作品等。阅读内容的扩大使得"写"的内容和方式也呈现形式多样。写作的表达和交流紧扣"实用性",任务群的"读"与"写"的紧密关联,"读"的内容与"写"的方式目标的一致,"阅读"与"交流"两种活动融为一体,学习内容、学习方法与三维目标融在一起。[2]这样的学习,促使学生并不是孤立地去学,也不是为了学知识而学知识,应该是基于核心素养的实用性阅读、学习,从以前的依赖权威媒体、阅读经典等,转向学会从多家媒体搜集信息、从多个文本筛选信息,并能对芜杂信息加以辨析判断。当然,所有努力最终目的还是提高语言文字运用能力和核心素养,为了有效地传递信息和解决现实问题服务。

正是"实用性阅读与交流"的任务指向读写的融合、学习任务的综合性和整合性,课程融合的特点更加突出,同时这也启发我们,指向学习任务群是"读写融合"发展必须遵守的原则之一。

当然,必修课程中的其他学习任务群,比如"当代文化参与""跨媒介阅读与交流""语言积累、梳理和探究",也都是基于语文学科核心素养,紧密围绕"读""写"发展方向学习。可以说,每一个学习任务群虽各有侧重,但是对于"读""写"的积极探索,始终是鼓励在情境中实现阅读语言与写作语言的转化,写作表达再通过阅读经历,在不断探究思考中再形成提升发展。另外需要注意的是,下一阶段的选择性必修教材中,"学习任务"又进阶成为"研习任务",即第二阶段对于学习内容、学习方法上更注重研究性、探究性、自主性、实践性学习。

因此,"双新"背景之下,以学生为主体的"学",不断促进学习方式的变

---

[1] 夏丏尊,老舍等.如何高效写作[M].北京:国际文化出版公司,2020:13.
[2] 郑桂华."实用性阅读与交流"学习任务群教学实施建议[J].语文建设,2023(3):6.

化，从"学习"走向"研习"，从单一的"读"与"写"逐渐走向"读写融合"，从应然走向必然的原则，正是基于对《新课标》的理解和学习。我们只有真正从课程意识出发，深刻去理解《新课标》的课程结构和内容，理解十八个学习任务群的学习要求，才能真正实现素养目标下"读写融合"的发展，进而实现语文学科育人的价值和目标。

三、以教材单元结构作为参照——基于单元学(研)习任务

《新课标》中出现了很多新的概念，比如"核心素养""学习情境""学习任务群""整本书阅读"等。近期，温儒敏在人教社的"人教云教研"视频课程中再次为我们解读了《新课标》，他用了"遵循""尊重""用好"三个关键词来对应"课标""教学"与"教材"，课标、教学与教材是语文老师需要共同面对、思考和探究的话题，三者之间形成彼此连带的关系，因此，温教授提出"遵循课标精神，尊重教学实际，高效运用统编教材"的解读主题。

笔者着重对于"读""写"内容和方式在"学习任务群"中的呈现进行解读，也正是基于"读""写"在不同学习任务群中各有不同侧重，因而读写"融合"的原则必然要紧扣学习任务群，关联学习任务群所指导的学习目标和内容，这也正是对新课标的回应，也是对温教授解读中强调的"遵循课标精神"的落实。那么，我们再结合所用的教材来进一步分析，"学习任务群"所要求的学习目标和内容与教材之间又是如何具体表达落实，并体现承接关联的。

郑朝晖对于"单元"的解读为："语文教材中'单元'的概念，是将教学内容按一定的标准进行切分而形成的相对独立的部分，每个部分包含了明确的主题以及相关的概念和知识点。"[1]当前我们所用的统编教材的每个单元，基本构成是单元导语、若干课文、课后的学习提示及单元学习任务。"单元导语"说明本单元的人文主题和文体特点，每课后面的"学习提示"是对

---

[1] 郑朝晖.语文学习任务群相关概念厘析[J].教育研究与评论,2023(6):52-56.

课文主题内容和写法特点的重要指导,可以将其作为一种参照,加之"单元学习任务"的思考题,教学时可以将教材中的这些主要内容集中转化为"学习任务"。同时,可以设计与"学习任务"相配合的学习情景,用"核心主问题"引发学生思考,把问题转化为"任务"来激发学生行动,即形成主动学习的行动力,探究问题,解决实际,在这种探究性学习的强大"磁场"中,学生才能积极主动地学,积极主动地思考,新教材的"大单元学习"及"单元学习任务"的选材组材安排意义即在此。实际上,"这些单元学(研)习任务构成了每个单元的'任务束(Taskbundle)',意即从不同角度去完成单元的主要学(研)习目标。简言之,'单元学(研)习任务'是达成单元教学目标的具体手段,若干个相关的教学单元就共同构成了'学习任务群'"。[1]

统编教材中"单元"架构是以素养为目标,将课标中的学习任务群分置在各单元学(研)习任务中来实现,并且"任务"前又冠以"学习""研习",其本质是为了更强调"学习中心",且是一种以"学生"为主体的语文实践活动。这样的话,语文教材在每个单元中要求的"任务"如何来实现?如何有效实现呢?以往的教学,读写训练以单项发展居多,写作与单元阅读文本内容之间缺乏关联。现在所用的统编教材,阅读与写作单元是用整体读写设计替代了以往教科书中的一课一练。比如,《普通高中教科书 语文 必修 上册》第一单元的"青春"主题,阅读文本的文体包含现代诗歌和小说,对应"文学阅读与写作"学习任务群,单元学习任务中对"读写"任务双线有层级有梯度也有整合,凸显了"读写"趋向"融合"发展。

任务一 作品中哪些地方最让你感动?哪些是你以前未曾留意,而读过之后感受很深的?哪些已经点燃了你思考人生、积极上进的热情?认真阅读、欣赏这些作品,从你最有感触的一点出发,与同学们就"青春的价值"这一话题展开讨论。

任务二 反复诵读本单元诗歌作品,围绕"意象"和"诗歌语言"探讨欣赏诗歌的方法,揣摩作品的意蕴和情感,感受不同的风格。

● 写札记

---

[1] 郑朝晖.大概念、大单元与"大"学习[N].中国教师报,2022-11-09(7).

● 选取自己印象最深的一点进行分析并与同学交流

● 任选一首诗,朗诵,同学间互相点评

  任务三 从两篇小说中各选一两个感人的片段,揣摩人物心理活动,分析典型的细节描写,并作简要点评。

  任务四 汇总所有同学的诗作,全班合作编辑一本诗集作为青春的纪念。

  从以上所举的单元学习任务来看,任务一阅读文本(诗歌),要求学生能读出感动点,读出和以前比较的不同点,读出自己的真实体会。任务二的要求是比较阅读,对本单元中所选的诗歌读出不同的特点和不同的风格,然后能作记录,并写札记;或者知人论世再深读文本(诗歌),写出自己的感点;或者用朗读的方式表达自己对文本(诗歌)的理解,再互相点评。任务三是对小说中感人片段作点评。任务四是创作诗歌并合作编辑诗集。综上,基于本单元的"青春"主题,四个学习任务以不同的阅读方式配合不同的写作表达:初读感知—讨论—再读比较—记录思考—深读理解—分析交流—仿写创编(诗集)。单元学习任务中的阅读和写作二者紧密关联,读与写要求不断进阶,读的内容不断的丰富和拓展,写的形式也是更加多元,充满趣味。单元主题明确、内容集中,学习任务所涉及的读写,避免学生读的随意性、浅表化,也避免了写的空洞无物、千篇一律。读,要读出自己的理解和感受;写,要写出自己觉得最有价值的感受点。仿写是要通过读,找到一般规律、掌握方法,创作是要基于方法,写出真情实感。因此,读的效果,在写作(或仿写、创作等)中可以得到正向反馈。

  再简略谈一下其他学习任务群,比如《普通高中教科书 语文 必修上册》第二单元的"劳动"主题,对应"实用性阅读与交流"学习任务群,单元学习任务中的读,要求读人物先进事迹,读时事新闻报道和新闻作品,读新闻评论等;写的表达形式也对应学习任务要求,能用表格梳理人物、事件和作者立场,能辩证的讨论,能基于事实讨论,能撰写推荐书展示交流,能写一个你熟悉的劳动者等。教材中的第六单元,以"学习之道"为单元核心,对应"思辨性阅读与表达"学习任务群,单元学习任务中对于读与写的学习同样也是双线并重,读名篇摘名句,读经历谈感受,读语言特色、读说理方法,写论说文章等。再如，必修教材中的整本书阅读单元的学习任务主要是围绕阅读经典作品展开读写综合任务。有人不禁要问，以"学生"的"学"为中心，教师的作用在哪里？其实不然。素养导向的课堂，并不是说学习可以脱离教师，学习的过程不再需要教师教学和指导。教材中所布置的"单元任务"，是要通过学生的活动来实现，活动更要精心设计，教师的作用即在此。例如，必修教材中的"家乡文化生活""信息时代的语文生活"单元，都是体现综合活动类的单元，可以用"读写融合"一体化的学习活动贯穿始终。正是单元学习任务涉及阅读理解、鉴赏评价、写作表达等方面，教师要努力让学生在"情境"中去真实的学习，在"任务"推动下去认真地阅读和思考，再带着"问题"去深入地研究和探索，让学生在语文实践即"活动"中真实学习。

"听说读写"是语文能力，而将其统合规整为"读"与"写"融合发展，既是长期以来语文教材编写所坚持的理念，也很好地呼应了《新课标》所提出的"素养指归，学科育人"的目标方向，是《新课标》理念指导下的语文学习的一种重要方式。"读写融合"的理念在语文教材中得到充分体现，从主题、情境、目标、任务、活动、策略、评价等维度多方面对读写予以整体性实践性思考，让素养导向的语文课堂教学多样态共生，多路径发展，有助于推动语文学习方式的转型，也更有利于促进学生全面而有个性地发展。

四、以单课（篇）教学作为学习原点——建构课文与单元联系

应该说，单篇教学一直是语文学科阅读教学的是主要内容，也是阅读教学的基础。学习理解《新课标》，基于"学习任务群"，落实"单元学习任务"，从教材中一个单元内部的课文编写来看，统编教材的一个单元中，大多设置若干课文（大多是一个单元3课左右），一课课文内部有单篇文本形式构成单课，也有组合2~3篇文本共同组合成一课的群文形式。在内容主题一致的情况下，同一单元内的课文文体形式，有的相同，有的不同。以统编版高中语文教材为例（如表2-2）。

表2-2　普通高中教科书　语文　必修　上册

单元	主题	课文	体裁
第一单元	青春	1 沁园春·长沙 / 毛泽东 2 立在地球边上放号 / 郭沫若 　红烛 / 闻一多 　*峨日朵雪峰之侧 / 昌耀 　*致云雀 / 雪莱	诗歌
		3 百合花 / 茹志鹃 　*哦,香雪 / 铁凝	小说
第二单元	劳动	4 喜看稻菽千重浪——记首届国家最高科技奖获得者袁隆平 / 沈英甲 　*心有一团火,温暖众人心 / 林为民 　*"探界者"钟扬 / 叶雨婷	通讯
		5 以工匠精神雕琢时代品质 / 李斌	新闻评论
第三单元	生命的诗意	6 芣苢 /《诗经·周南》 　插秧歌 / 杨万里	诗歌
		7 短歌行 / 曹操 　*归园田居(其一) / 陶渊明 8 梦游天姥留别 / 李白 　登高 / 杜甫 　琵琶行并序 / 白居易	诗歌
		9 念奴娇·赤壁怀古 / 苏轼 　*永遇乐·京口北固亭怀古 / 辛弃疾 　*声声慢(寻寻觅觅) / 李清照	词
第四单元	我们的家园	家乡文化生活	
第五单元	整本书阅读	《乡土中国》	学术论著
第六单元	学习之道	10 劝学 / 荀子	古代散文
		*师说 / 韩愈	说
		11 反对党八股(节选) / 毛泽东	讲话
		12 拿来主义 / 鲁迅	杂文
		13 *读书:目的和前提 / 黑塞 　*上图书馆 / 王佐良	随笔

(续表)

单元	主题	课文	体裁
第七单元	自然情怀	14 故都的秋 / 郁达夫 ＊荷塘月色 / 朱自清 15 我与地坛(节选) / 史铁生	散文
		16 赤壁赋 / 苏轼	赋
		＊登泰山记 / 姚鼐	记
第八单元	语言家园	词语积累与词语解释	

表2-3　普通高中教科书　语文　必修　下册

单元	主题	课文	体裁
第一单元	中华文明之光	1 子路、曾皙、冉有、公西华侍坐 /《论语》 ＊齐桓晋文之事 /《孟子》 庖丁解牛 /《庄子》	诸子散文
		2 烛之武退秦师 /《左传》 3＊鸿门宴 / 司马迁	史传
第二单元	良知与悲悯	4 窦娥冤(节选) / 关汉卿 5 雷雨(节选) / 曹禺 6＊哈姆雷特(节选) / 莎士比亚	戏剧
第三单元	探索与创新	7 青蒿素：人类征服疾病的一小步 / 屠呦呦 ＊一名物理学家的教育历程 / 加来道雄	科普文章
		8＊中国建筑的特征 / 梁思成 9 说"木叶" / 林庚	学术论文
第四单元	媒介素养	信息时代的语文生活	
第五单元	抱负与使命	10 在《人民报》创刊纪念会上的演说 / 马克思 在马克思墓前的讲话 / 恩格斯	演讲词
		11 谏逐客书 / 李斯	奏疏
		＊与妻书 / 林觉民	书信
第六单元	观察与批判	12 祝福 / 鲁迅 13 林教头风雪山神庙 / 施耐庵 ＊装在套子里的人 / 契诃夫 14 促织 / 蒲松龄 ＊变形记(节选) / 卡夫卡	小说

（续表）

单元	主题	课文	体裁
第七单元	整本书阅读《红楼梦》	《红楼梦》	小说
第八单元	倾听理性的声音	15 谏太宗十思疏／魏征	疏
		*答司马谏议书／王安石	书
		16 阿房宫赋／杜牧	赋
		*六国论／苏洵	论

统编教材的各个"单元学习任务"明确了本单元内"读"和"写"的能力要求，在一定情境中读写任务双线融合，驱动发展。那么，我们为什么还要回到对单元中各单课的读写讨论，如何理解各单课在其所在单元中的读写意义？

温儒敏在解读《新课标》时曾提出，任务群并不是放弃单篇。现阶段我们所使用的统编教材中各单元内所有文本并不是刻意捆绑，而是根据需要选取。温教授还进一步强调，"单篇的教学任务还是需要单独完成"。回顾过往，可能我们长期以来习惯于对单篇文本教学和单课的指导，教学中比较注重"知识点"和"技能训练"，阅读容易留于"碎片化""浅表化"，写作指导满足于应试需求，教学造成的实践偏差容易使我们对当下新教材中单篇单课的理解有误区。

"落实学习任务群的学习内容和教学要求仍然需要以单篇教学为起点，单篇教学也可以承载学习任务群的育人功能。"[1]事实上，在单元整体关照下，每个单篇或单课如同化学"分子"，"分子"之间按一定的顺序和结构排列，最终结合在一起形成一个大单元整体。每一个单篇文本或单课都有其独有的育人价值，通过单篇文本和单课的学习，又可以进一步激活整个单元所具有的育人功能。因此，在单元学习任务的指引下，我们需要重视单篇和单课的学习，单篇学习中要引导学生习得语言知识与能力、掌握基本阅读策略与方法、建构读写转化路径等。即便是几个文本组合在一起的单课群文教学，也

---

[1] 贾阳,徐鹏.语文学习任务群视域下的单篇教学与单元教学[J].中学语文教学,2022(11):4-9.

是如此,群文也不能忽略单篇文本,群文中还是要有单篇的重点学习的。

我们以《普通高中教科书　语文　必修　下册》第一单元为例,探讨一下单篇与单课中的"读""写"的共性和个性差异在哪里。第一课是群文阅读,三个先秦时期的诸子散文文本组合为一课。对于先秦诸子学说,"学习提示"中明确要求阅读能把握主要观点和思路,而再具体看,《论语》要关注语录体的特点,《孟子》要关注对话及思辨性,取譬设喻,《庄子》要关注用寓言来表达思想。一课中的三篇文本也是要读出各自的特点。对于这一课中写的要求则是分析观点,写出自己的思考,另外,还要求写出对儒家思想的思考和认识。第二课是《烛之武退秦师》,阅读该文本要理清思路,把握说辞的语言艺术、人物特点等。在"写"这个方面则希望能写出对历史叙述的深层思考。第三课是《鸿门宴》,阅读时要关注人物性格特征,体会叙事的特点等。写出自己的深入思考,质疑史书,阐述自己的观点,写出自己的看法。回到历史现场,客观评价历史人物,评述历史史实等。所以说,这一单元中的三课同为中华经典传统篇目,但是第一课选自先秦诸子散文,其中又包含儒家和道家的代表作品。第二、第三课则以史传文学为主,第二课选自春秋时期的《左传》,第三课选自汉代《史记》。阅读的文本篇目内容范围比较广泛,涉及的时间线也是纵向发展,比较长,总体上对阅读要求能读出不同文本的核心观点、人物特点、文本思想内涵、文本写法特点等,"写"则要求能写出自己的理解、认识和看法,写的表达更偏向从现实出发,写出古代文化经典在当下现实的思考,还要能进行质疑和思辨。正如温儒敏所言,我们为何要训练写作,基于阅读的写作意味着什么? 不只是为了学会写文章,更要紧的是通过写作训练来达到思维训练。因此,读与写的不同目标和价值取向,在单篇和单课学习中也是作出了十分清晰的要求。

所以,我们不能忽视单元学习任务视域下的单课中的"读""写","读写融合"发展必然离不开单课(篇)的学习,单课(篇)是单元学习的原点与中心。"学生要完成单元学习任务,须以单篇或群文教学所培养的语文认知和语文素养做基础。"[1] 我们只有将单课(篇)学习与单元学习之间的张力转化为走向"读写融合"发展的合力,才能切实促进学生语文核心素养发展。

---

[1] 郑朝晖.语文学习任务群相关概念厘析[J].教育研究与评论,2023(6):52-56.

五、以过程评价作为学习反馈——体现"教学评"一体化

重视"教学评"一体化,目的是更好地落实核心素养的目标,也是提高教学质量的有效路径,关注评价,以评促教,以评促学,以评价质量的反馈来提高教学效果,以评价学习质量来促进学生有效学习,对于当下推进教育改革,实现学科育人有着重要的意义。

所谓评价,一般意义上,通常是对某个关注对象进行一系列的复合分析研究和评估,从而进行有效判断、考量,最后得出有针对性的结论。提到评价,我们自然会将它和考试、测评联系,标准化测试的分数,也是一种评价的结果,某种意义上说,分数结果决定了学生的未来学业发展前途(比如升学等),所以这一纸笔测试,被我们称为是"高利害性考试"。在学校内,这样的"质量检测",经常是每隔一段时间进行一次,称为阶段性学习评价,评价结果往往会成为教师评定学生的主要方式,然后还会将这一评价结果告知家长,作为家校沟通的重要联系内容。其实,从一定程度上来说,这种与"分数"捆绑的评价,似乎偏离了评价的初衷,其合理性、公平性、发展性都有存疑。

随着《新课标》的颁布,我们更应关注到其中对于核心素养内涵和学业质量的描述,再对标其中评价建议的提出,从"素养目标—学业质量—评价反馈",学习的过程指向学科素养,评价是为了反思和促进学习。所以,素养目标、学习与评价三者,构成一个完整的闭环,评价成为学习过程中不可或缺的重要环节,彼此环环相扣,紧密关联。

当然,"教学评"的一致性、一体化,并不是说不需要"总结学习"的考评,而应当是要将"评价"逐步引向更合理、适切的方向发展。如果我们用旅游来作比方,素养导向的教育理念是"旅游的目标方向",学习任务群可以视作是"旅游的目标景区",单元学习任务可以视作是"要到达的目的地,即某个具体景点",整个过程从目标方向—(景点)区域—具体景点,"评价"在整个过程中是让我们能更清晰地了解学生是否到达了旅游目的地,是否到达了准确的景点,并且了解是如何到达的,什么时候到达,路线是否有过调整,路程速度是否合理,同样是抵达目的地的景点,各游客之间比较,每个人的效率又有怎样的不同。这样来看,评价的作用不言而喻。

《新课标》中提出：评价的过程即学生学习的过程，评价的根本目的在于落实素养。因此，关注评价是"读写融合"学习发展过程不可或缺的重要原则之一，对于"读写"的内容、方式、策略等全面评价将有利于教学，也能更好地促进"读写"的学习。

首先，确立"读写融合"的评价机制，能更加明确学生学习的方向，激发学生内在学习动机。建立"学习评价"机制，可以更好地关注学生在问题研究过程中的交流、研讨、分享、演讲等现场表现，以及活动过程中产生的文字、表格、统计图、思维导图等学习成果，特别是在评价过程中能更好地发现和捕捉学生思考的过程和思维的方法。"评价揭示的将不仅是学生所知道和理解的，同时也将点明新的学习应如何去实现，以一系列高质量和多样化的工作展示每个学生思维的深度、广度和成长，这些丰富的信息将用来激发进一步的学和有针对性的教。"[1] 由此可知，学习过程中适时的评价，是对学生不断激励的过程，通过反馈，更激发学生自我探索，成就自我成长。

其次，"读写融合"的评价机制提供了持续性的反馈，帮助学生之间"缩小差距"。评价的目的是"促进学习"而不是"评定学生"。评价要准确反映学生的素养，而不仅仅关心学生知道了什么，而且评价的应是学习的"质"的高下而非"量"的多少，评价的是学习结果的效度，而不是学习的结果是什么。通过评价，不仅了解学生"知道读了什么，写的怎么样"，而且也能洞悉到学生"什么时候理解掌握了读的内容，怎样获得阅读的方法，能否在情境中转化应用"。也能在整个学习评价过程中，得到学生个体的不同情况反馈，促成差异化教学，尊重每个学生的独特性。将评价融入学习，倡导以学生及其成长为中心，从而真正地促进学生的学习。

当然，我们还要关注到评价机制中，由谁来评和如何来评的问题。因为"读写融合"发展并不是单一的线性发展，"读写融合"进阶过程呈螺旋上升发展。所以，无论是过程性评价还是总结性评价，评价与教学是互利的，"教学评"之间相互促进、共同提高。在现实生活的世界，评价能力尤其是自我评价能力显得格外重要，因为"融入学习的评价"涉及元认知问题，意味着学

---

[1] [加]洛娜·厄尔.融入学习的考评——利用课堂考评优化学生学习[M].苏峻,高凌飚,译.北京：人民教育出版社,2023:6.

生要主动建构起先前的信息与新信息之间的关联,并监控自己学习的过程,不断进行校正、调适和转变。如果学生主体能不断进行自我评价,那么便能使学生能在学习过程中学会评价,以评价发现学习问题,反馈学习问题,更好地找到自我解决问题的门路。因此,将"评价"作为学习不可分割的一部分,严格来说也是通过"评价"促进学习。

　　对于"读写融合"发展不能脱离评价反馈机制这一问题的提出,笔者认为,"评价"反馈机制是必不可少的,"评价"必然需要基于素养目标,也需要立足学生的真实学习,并且在不断反思中促进新学与新教,从而真正推进学与教的方式变革。

第三节 "读写融合"的模型建构

"读写融合"是一种读与写共生融通的发展性过程,正是基于此,它在过去原有的对读写理论的基础上不断发展,指向对学生语文核心素养的培育,所以,它并不是简单地将"读"与"写"做加法,而是进行组合附加,"读"与"写"呈现的是一种双向互动性,彼此之间形成一种相互渗透、循环往复地进阶发展。读写思维作为"读"与"写"的结合点,在不断循环往复和推进深入的过程中提升学生的"读"与"写"的能力,在"读"与"写"的双向奔赴与融合发展的过程中,实现提升学生语文核心素养的目标。

一、建立模型

俗话说"不动笔墨不读书",这也是我们一直在强调的读写之间包含着同构共生的紧密关系。"读"与"写"是对语言知识的获取和输出转化的表现,两者共同建构了语文课程教学的主要内容。我们需要捋清读写的对象与教学主体,这当然离不开学生和教师。"读写融合"的实施基础首先是要形成"学生—文本—教师"三位一体的基本构架,在此基础上,三者的合心力是共同指向单元学习任务的实现与落实,在这一合作共力的作用下,才可以不断推进、发展"读写融合"的层级进阶,不断向上一层级发展,学生在学习体验读写的过程中,从初步梳理到形成思考,从对文本的初读理解、鉴赏、探究再到更进一步的品读深悟而形成反思,再到上一层级的融合发展至学科素养的体现,在这样的"读写融合"层级模型的建构中,我们可以看到学生在读写过程中学习思维的变化发展过程,也能感受到学生在读写学习的过程中,如何形成语文读写思维能力的提升发展,进而最终指向的是学生语文学科核心素养的培育。笔者设计了"读写融合的层级"发展的理想模型(见图2-1)。

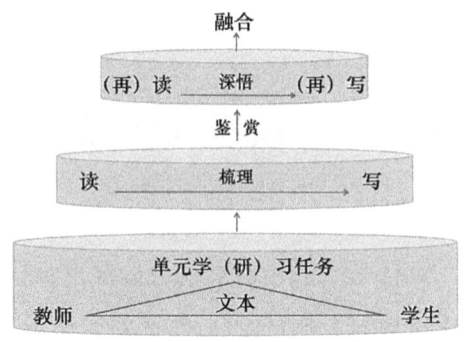

图2-1 读写融合的层级

我们可以看出,不管以何种方式开展教学,教师与学生与文本三者指向的应该是"单元学习任务",完成"单元学习任务"是我们的需要落实的目标。文本即单元中每一课课文,课文是我们学习的基本抓手和依托,它与教师和学生三者保持着互联发展和动态平衡的关系,教师需要对单元任务有明确的理解和把握,对所教学的文本与单元任务之间的关系要有专业的理解和深刻的认识,即我们常说的教师本身需要对教材有解读能力,对教材中的单元任务有分析能力,对单元中的课文有鉴赏能力,才能确认教学的起点在何处。进而才能引导和带领学生去与文本对话,逐步走进文本,深入文本,究竟读了多少,读懂多少,理解程度如何,就需要一定程度的表达输出,这一表达就是初读后的理解和感受。教师可以指定或有限定的要求学生写什么,可以就文本内容理解性的表达,也可以就写的方法的指导,我们可以将这种读写融合的形式定义为学习性写作。之后,师生进一步交互,"以读促写—以写助读—再读再写",对文本反复阅读,形成对文本一次次地深入理解和感悟,并一次次地表达输出,在写作任务的进阶过程后,形成学生的高阶思维和高质量的表达成果,文本与教师、文本与学生,教师与学生,三者之间不断深入对话,"三位一体"中形成了最基础性的读写融合起点,这也是奠定读写融合发展的过程的重要基础。

由此，我们更进一步发现，促成"从读到写—（再）读到（再）写……"的过程呈现的是螺旋上升的发展过程，它并不是单一的线性发展，也并不仅仅是各单项脱钩而独立存在的状态，而是在"读写"的融合中，不断达成"读"与"写"的融合进阶与发展，"读"与"写"的融通深化和升华，使得语文学科素养培育落地更扎实更有效。

二、呈现特点

1. 实践性与操作性

《新课标》中指出："语文课程作为一门实践性课程，应着力在语文实践中培养学生的语言文字运用能力。"的确，在《新课标》的指导下，语文教学中必须要重视读写的融合实践，尤其是对于落实单元学习中的读写综合性任务，一般都是基于一定的情境下，比如开一个作品推荐会，举行一次演讲、辩论等。与此同时，要求学生完成一定的学习任务，其中既包括读、再读、反复读、研读等阅读的要求，也有伴随读的同时有一定写作表达的要求，如读的过程中摘录、提要、旁批等，或者在读后写，如写心得体会、写读后感、写短评等。情境创设下的任务驱动读写学习任务，对读写能力的培养，一定程度上体现了读写融合学习过程的实践价值和意义，可以说，读写融合过程中学生主体的实践，进一步促进了学生语文学习方式的变革。另外，单元学习任务也是配套了所学的单元主题内容，单元的核心主题和探究问题，提供了比较多的学习资源和途径，使得落实任务有抓手，也更有可操作性，呈现了学生对所学习内容的更深一层的理解和实际运用中更高一层的迁移能力。

因此，学生"读—写—再读—再写"的不断发展过程，就是对一种语言文字充分且灵活运用的过程，在这一过程中能够更好地去发现问题，同时激发学生产生发现问题的敏感性，探求解决问题和语言表达的合理方法，可以真正在实践中促进学生语文学习方式的转变。

2. 系统性与整合性

按传统思维习惯,我们常常会对研究对象进行先分析、后综合的过程加以考虑。逻辑学中的"系统性思维",就是从研究对象的整体出发,先综合后分析,最后回归到更高阶段上的新的综合的过程,所以,系统性思维更强调内部之间的相互关联和相互依赖。整合性则是一种综合而全面的考量,即关注到整个体系中各个组成部分之间的相互关联,但不会单单只专注于对某一部分的个体分析,也不会特别具体地对内部结构加以解构分析,整合性往往更重视追求对象的广度和直观的效果。

我们从学科角度看,"阅读和写作都属于人类凭借语言文字交流、认识、体验从而促进发展的思维活动。"[1] "读"与"写"的共性在于都是运用语言文字作为沟通表达的载体,基于同一载体的存在形式,在两种思维活动中加以直接表现,"读"与"写"的内部思考存在必然联系,外部表现的过程又互为因果,在"读"与"写"的不断反馈循环中,构建一个复杂的系统动态发展行为。学生在语文学习中,"读"的过程激发学生主体内在思维活动,"写",则是基于语言文字沟通体验和表达来实现的外显方式,可以看出,"读写融合"的学习过程,使二者在融合中更体现系统性和整合性的特点。

所以,在语文教学时,我们更需要关注教材中单元学习任务要求的"读写"任务,加强重视对学生"读写"思维的培养。"读写融合"的系统性和整合性特点有效地体现了学习思考过程的系统性思维和整合性思维,学生对学习内容的综合分析判断力更强,对学习视野的广阔度和延伸度有更强洞察力。

3. 进阶性与开放性

正如教材中每个单元的学习任务所要求那样,情境的创设与具体的任务,都离不开当下时代发展的特点,只有始终关注生活、结合现实,才能使得

---

[1] 汪靖,黄雯倩.基于自我调节学习理论的语文读写一体化模式建构与实证研究[J].课程·教材·教法,2024,44(1):91-97.

"读写融合"的实践呈现开放而多样,丰富而有序的活动内容。如果学生的学习成为一个循环往复的闭环,或者说成为一个死循环,那么学习最终还是回到了原点和最初,没有带来任何的变化,这样周而复始的重复劳动是无益于学生的发展的。

在课程标准的指导下,对于"读写融合"任务要求,必然是结合时代发展的需求,适应当今社会对人才的多样化需求,"读写融合"任务要帮助学生在已有的语文学习基础上,继续激发学生语文学习的兴趣,深入挖掘学生内在的学习动力和潜能,探索进一步提升和发展的空间,所以,在"读—写—再读—再写……"的螺旋式发展过程中,它始终是循序渐进的,逐步进阶才能真正走向更前一步的发展和更高一层的提升,而"读写融合"发展的终极目标的唯一性,则是指向学生学科核心素养的发展,所以"读写融合"过程的逐步延续发展,是不可能一蹴而就的,它的开放性也正体现在此。

笔者以统编高中语文必修教材中的阅读单元为例,将"读写融合"的层级模型具体应用于整本书阅读教学实践,基于读写融合的方法和能力双线发展,探究这一教学的有效性。

"读写融合"是提升学生阅读与表达能力的有效途径,采用"双线阶梯式"的"读写融合"发展进阶模式,可以推动学生在读与写的过程中真正落实整本书阅读,进而实现学生的语文核心素养的培育(见图2-2)。

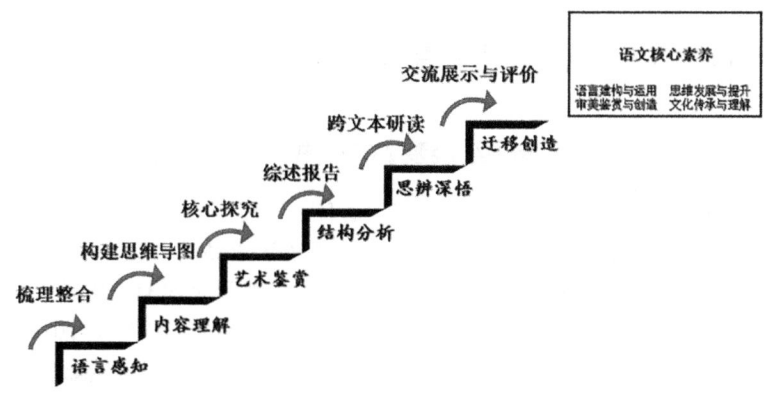

图2-2 "整本书阅读"的读写融合进阶

"双线阶梯式"读写融合发展主要是指在整本书阅读过程中的具体实施方法和学科关键能力要求的提升,"双线"同步并行发展,终极目标指向素养培育。

其一,"实施方法线"是从梳理文本为起点,然后要求学生将梳理信息转为可视化学习成果,即构建思维图;之后,通过再读回到文本,对重要研究点深入探究,形成综述来完成写作表达的要求。如果还有进一步的提升要求,可以尝试跨文本研究,从"读—再读—跨文本读",最后进行展示交流和综述报告,达成对于高中整本书阅读的深度研究。

其二,"学科能力线"是指在读写融合策略方法的实施中各学科关键能力素养是如何得到发展和提升的。"能力线"从语言感知为起点,对文本不断走向深层的理解、分析、鉴赏,再到思辨深悟达成迁移创造,这一发展路径将读写融合从点到面不断延伸、开拓,在鼓励表达输出的同时不懈怠对于阅读的投入,不仅落实"双新",更牢牢把握了课程、课标和教材的核心点。

"双线阶梯式"的读写融合发展充分体现共研共读中以"学生"为本的原则,更体现"重学习、重素养"的特点,在合作探究型学习中使得读写实践不断精进,有效提高学生对母语体系的综合运用能力,能高质量的实现语文学科核心素养的培育。

"读写融合"是指学习者积极主动建立读写整合意识,并运用高效的学习策略来提升阅读和写作能力,发展自主学习能力和高阶思维的学习过程。以高中必修教材的《乡土中国》与《红楼梦》整本书联读项目化学习为例,具体阐述应用实践过程。

1. 整体性架构,确立"读写融合"核心(见表2-4)

表2-4 《乡土中国》与《红楼梦》整本书联读项目化学习设计

核心价值	将学术著作《乡土中国》与文学著作《红楼梦》贯通阅读,聚焦整本书阅读的核心概念(即实用性文本和文学作品的阅读),明确本质问题(即两部著作内在是否存在关联,且文本间是否有"互释"性),再以驱动性问题(即《红楼梦》中的大观园,是否符合"乡土中国"的文化特征)推动学生深入阅读与思考,从而用学术著作的概念和方法在小说中找到其理论的实践和印证,实现学科核心素养的培育

（续表）

核心任务	用社会学视角观察调研，完成一篇《"红楼大观"田野调查报告》		
读写融合任务进阶	重读文本，回顾内容，积累学术语言，把握文本核心	素养与学科关键能力	阅读梳理
	梳理二部作品之间的互文关联点		概括梳理
	选择某一个重要概念，探究小说重要情节与其关系		鉴赏探究
	我的思考与结论，完成调查报告		表达交流
方法策略	查阅资料；填表；绘图；列提纲；讨论交流；写读书笔记；撰写调查报告等		

2. 创设学科情境，驱动"读写融合"任务

活动一 "踏查"：绘制大观园图谱，找出书中主要事件的人群聚集点。

活动二 "蹲点"：定点观察小说人物的居住地点，填写观察表。

核心素养时代的语文教学需要用情境还原和活动嵌入实现客观知识的主观化、具象化、流程化。[1] 对于《乡土中国》与《红楼梦》整本书联读项目，笔者尝试指导学生用田野调查方法走近"红楼"，从"踏查"寻访到"蹲点"观察，从初读到再读文本，然后以梳理绘图与填表的形式，通过阅读进一步探究文本蕴含深意，比如对金陵十二钗的居所作简要分析，找出小说中典型景观建筑或地点名称，阐述其文化内涵或意义。

在联读对读的过程中，学生能逐步深入文本并领悟发现，人物所居之地，既表现人际关系，也决定个体在群体中的定位。第四十回刘姥姥被带入大观园游玩的所见所闻，小说以刘姥姥的视角对大观园的自然环境逐一进行描写，其空间顺序的先后：沁芳亭—潇湘馆—紫菱洲—秋爽斋—荇叶渚—蘅芜苑—缀锦阁—栊翠庵—稻香村—"省亲别墅"牌坊—怡红院，而在众

---

[1] 李功连，刘莹.基于核心素养的语文单元教学：内涵、模型与策略[J].课程·教材·教法，2024,44(2):112-118.

多的场景描述中,有四个最重要也是最详细的空间场所描写,即黛玉的潇湘馆、探春的秋爽斋、宝钗的蘅芜苑,最后是宝玉的怡红院。可见,贾府在生活空间的配置上,充分体现了空间中人物的性格、身份、地位及尊卑程度。学生在田野调查的方法指引下,能更主动地带入情境,更积极地走入文本情境,读写融合的学习任务不断驱动推进,在细读梳理、绘图描摹与探析意旨的过程中,初步得出研究结论,大观园处处体现出人与自然和谐共生的日常生活环境之美,同时,不同空间场所的设置具有不同的文化蕴意,即在不同环境下人物的性格及身份定位。

由此,以学情为基础,运用二部作品的文本特定语境,有效激发和培养学生在生活情境中的真实学习,实现对于知识的理解和运用,也在项目学习过程中实现核心知识的结构化表现。

3. 借助学习支架,促进"读写融合"进阶

活动一 (比较型学习支架)"收集":整理小说中出现的诗词、文书、碑刻、牌匾、对联等,寻找其中的"乡土"元素,思考文学作品如何"化俗为雅"。

活动二 (学习型思维支架)探索梳理《乡土中国》与《红楼梦》的互文关联点,用思维图的形式呈现《乡土中国》重要概念与《红楼梦》主要情节主题的关联。

在整本书联读项目中,学习支架的提供也是必不可少的重要环节。借助学习支架,旨在为帮助学生完成学习任务而提供学习步骤、方法与途径及其他链接材料等策略性支持的系统。通过支架的帮助引导,可以让学生更快、更有效的获得解决问题的路径方法,突破难点掌握核心;在学习支架的支持下,实现项目活动过程的任务化,切实推动"再"读"再"理,"再"读"再"研的项目进程序列化。

在联读项目中,一方面要求学生用读书笔记的方式积累整理《红楼梦》小说中与"乡土"元素有关的诗词文书等,又提出另一要求,以填表的形式梳理两部作品的互文关联点。这些均属于比较型学习支架,引导学生在比较阅读中,逐步找到共性和差异,进而形成独立思辨,深刻体悟两个文本间的

关联、作者意图和读者理解之间的交叉点、结合点、平衡点。再如，要求学生用思维图的形式呈现核心观点与内容主题之间的关系，思维图既属于思维支架，也是一种策略性思考程序。观点和内容之间的各种分支和交叉，通过图示可以清晰地展现学生对核心问题思考的广度和深度，思维图可以体现学生学习的过程性、独创性和合作性，将学习思维的过程予以可视化呈现，形成自己的分析理解和评价观点。

学习支架牵手协作学习，将学生的主体性、支架的辅助性、教师的引导性融为一体，引导学生自主学习，提升学生学习力，促进学生向更高学习阶段或水平发展，使得项目的开展实现有意义的学习过程，学生真实习得"读"与"写"的经验，审美创造更有价值，思维品质不断提升，真正实现整本书联读的高质量读写融合发展。

4. 指向项目成果，评价"读写融合"表现

活动一　"访谈"：选择园中一位人物进行"访谈"，完成人物访谈记录。

活动二　举办一次"红楼大观"联读品鉴读书交流会或"田野调查报告"分享。

田野调查不断深入开展，读思研理的过程在整本书联读的项目中有序推进，成果实现阶段，学生基本可以完成"人物访谈录"和"调查报告"的综合写作。采用多样的写作表达形式，创设多种交流分享实践活动形式，学生成果的丰富性和创新性，让语文核心素养能在项目中得到综合全面的体现。作为采访者，对人物进行专访前，为了使专访的话题内容更集中、更有意义，可以预设与"专访对象"的谈话的维度，需要对于专访对象的主要信息、生活背景等有所考查了解，需要模拟专访的问题细节，需要考虑到专访时的各环节要求等，这样才能真实有效地完成一次人物采访。另一种成果展示形式可以更加灵活，既可以面向全校师生，在礼堂组织一次现场的"红楼人物"访谈会，也可举办一次"'红楼大观'田野调查报告"交流分享会，也可以利用网络平台或线上直播等形式，双线并行，进行多样态的融合，使得成果展示渠道扩大化，成果交流范围空间得到拓宽延展，更使学生项目学习的经验可

视化,真实性学习得以验证。

当然,回顾反思学习过程,我们还需要作出评价反馈,针对性设计综合评价表,以便于后续的进一步提升和改进。

(1)学习实践。

表2-5 自我总体评价表

学习实践	自我评价
探究性实践(√)	能对他人的成果进行基于证据的评论
社会性实践(√)	能积极参与讨论"田野调查"的研究;能参与小组合作且职责明确
调控性实践(√)	能制定且完成"田野调查"的日程表;修订与反思项目化学习的历程
审美性实践(√)	能参与设计"田野调查报告"的外观,让它更符合报告特点和风格
技术性实践(√)	能运用演示文稿、网络信息搜寻等方法,运用图片处理工具
备注	优秀(85~100)良好(70~85)合格(60~70)未达标(60以下)

(2)小组(或个人)成果评价表。

表2-6 成果评价表

评价内容	评价等级 (优、良、中、合格、未达标)	评价主体		
		自我评价	小组评价	教师评价
关联解读如何				
整体设计如何				
语言表达如何				
研究态度如何				
报告质量如何				
总评				
备注	优秀(85~100)、良好(70~85)、合格(60~70)、未达标(60以下)			

就中国基层社会生活而言，如果说《红楼梦》是一幅具体的中国社会的素描，那么《乡土中国》就是"包含在具体的中国基层传统社会里的一种特殊的体系，支配着社会生活的各个方面"（费孝通《乡土中国》）。正是源于基层中国社会独特的乡土性，任何高层文化都无可避免地从基层生长而来，也让我们能更深刻地理解中国文化历久以来的贯穿性，从上至下，从过去到现在乃至未来……大观园作为贵族家庭的私家园林，居住着大观园中的家族成员，如内部核心人物贾宝玉，外部远亲林黛玉、薛宝钗等，并且描述了诸多家族内部的复杂联系和事件活动。通过项目化学习，我们联读两部著作发现其中的诸多关联，帮助我们更好地运用学术观点走近小说的内部，领悟深层的思想文化意义。我们是否看懂了《红楼梦》中的乡土建筑、乡土人际关系？我们是否理解了《红楼梦》中的"乡土性"？我们是否能明白家族老祖宗贾母与农妇刘姥姥之间的联系和差异，正如我们难以想象，在西方社会，一个老农妇去拜见他的邻主老爷时，可以发生像贾母和刘姥姥之间这样的既融洽又隔膜的关系。

所以，《红楼梦》与《乡土中国》的联系从未断绝，《乡土中国》的概念、学术观点本来便可以用《红楼梦》中的情节内容加以印证，用项目化学习方式读好这两部作品是一次独特的，也是十分有意义的学习经历。

【附】《乡土中国》与《红楼梦》整本书联读项目化学习——读写融合任务分层设计[1]

---

[1] 上海市教师教育学院2023年上海市大中小学教师学科研修基地教师专业发展实践研究项目"素养导向的高中'红楼大观'田野调查项目化学习研究"（编号 DZXJD-2023-114）阶段性研究成果之一。

表2-7 "读写融合"任务分层设计表

层级	项目要求	任务设计	学科关键能力
水平一	梳理记录	重读文本,回顾内容,积累《乡土中国》学术语言	阅读与概括 梳理与探究
水平一	梳理记录	梳理《乡土中国》核心概念(用思维导图形式呈现)	阅读与概括 梳理与探究
水平一	资料整理	查找资料,检索文献,了解两部作品的作者其人其事	阅读与概括 梳理与探究
水平一	资料整理	查找关于"田野调查"报告的相关研究论述	阅读与概括 梳理与探究
水平一	拓展研究	创建《乡土中国》与《红楼梦》的阅读学习资源库	阅读与概括 梳理与探究
水平二	"再"读研意	"踏查":绘制大观园图谱; "蹲点":选择园中一处建筑,阐述其文化内涵或意义; "收集":整理小说中出现的诗词、文书、碑刻、牌匾、对联等,探寻其中的"乡土"元素与意蕴; "访谈":选择一位园中人物进行"访谈",设计访谈提纲	梳理与探究 表达与交流
水平二	"再"读"再"理	梳理《乡土中国》与《红楼梦》的互文关联点(填表)	梳理与探究 表达与交流
水平二	"再"读"再"研	选择《乡土中国》某一重要概念,探究其与小说主要情节或主题的关联	梳理与探究 表达与交流
水平二	"再"读"再"写	完成一份"红楼人物"访谈录	梳理与探究 表达与交流
水平二	"再"读"再"论	举办一次"红楼大观"联读品鉴和读书交流会或"田野调查报告"分享会	梳理与探究 表达与交流
水平三	综合实践与写作	组织一次人文景点青浦大观园参观,制作"红楼大观"视频宣传短片	鉴赏与探究 表达与交流
水平三	综合实践与写作	完成一篇《"红楼大观"田野调查报告》	鉴赏与探究 表达与交流

第四节 "读写融合"的路径探索

"立德树人"是教育的根本任务,教师承担教书育人的责任和义务更是义不容辞。在"双新"背景下,依据课程标准,我们不断探索核心素养导向的未来语文教学之路,不断研究语文学科中"阅读"与"写作"的融合发展之路,也在"读与写"的融合发展思考中提出四个方面的探索路径。

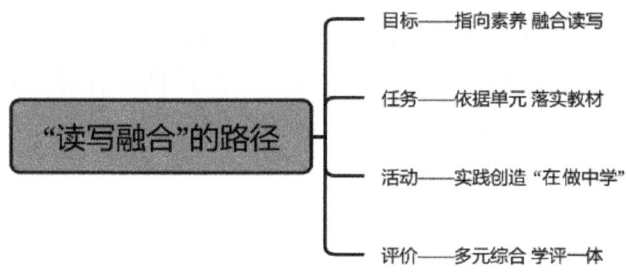

图2-3 "读写融合"的路径

一、目标——指向素养 融合读写

什么是目标?即是一种目的,既是一个为行动定位的方向,也可以是对预期结果的一种设想。目标属于非常本质性的东西,它对我们的行为活动起到明确方向,激励促进的作用。

由此,我们再来看,对于语文学科的"读写融合"的目标定位,我们需要考虑哪些主要因素?又如何设定适宜的目标?

1. 学生主体性

学生始终是学科学习的主体，对于每一项读写任务的实现和落地，都不能脱离学生的生活经验和生活情境，需要结合学生的实际，能联系学生的生活实际展开，目的是激发学生主体的主动参与和积极投入。如果与学生距离甚远，那将会使得学生一开始就失去"学"的主动性，感觉如同"空中楼阁"，悬空幻影般遥不可及，那么，主体参与程度就会大打折扣。比如，当要求整本书阅读时，如读《乡土中国》的目标设定是要求学生"通过阅读学术著作，写一份关于'传统乡村社会结构'的报告"；读《红楼梦》则要求学生"围绕小说的内容，写一份小说主题分析报告"，这就属于偏离了学生的兴趣。

因此，从学生本体性出发，遵循以学生"学"为中心的目标，才是学生真实学习的本质，在这样的读写目标指引下，学习场域将产生巨大的"磁力"，激发学生对于阅读和写作的潜在行动力，并且能形成按目标方向去主动、积极地阅读和写作的内驱力，这样，学生在"读与写"的融合过程中与目标形成一致性，不断趋近、达成的教学目标。

2. 学情现实性

目标设定既需要有对象意识，也一定要有现实思考，要考虑到学生实际学情。当下，学生如果一听到阅读与写作，常常会产生一种畏惧感。所以，为了达到一定的学习目标要求，我们不仅要眼里看到学生，还要心里对学生"有谱"。其实对于"读写融合"的目标，无论是阅读还是写作，它的目标必然是具有同一性的，也就是没有一种脱离表达的纯粹的读，也没有脱离阅读而纯粹的写，这都是为读而读，为写而写，长期以来把"读"与"写"分离、脱节，使得学生容易产生对"读"与"写"的综合困境。

面对这样的学情和能力基础，我们需要在目标设定中包含"读"与"写"两方面的要素，目标中既要有阅读的层级要求，也需要设定相应的写作表达的能力标准，让"读"与"写"之间形成衔接关联并有层级发展，构成一个关联完整且回旋往复的"读写融合",这样所设定的目标比较符合学生实际,且是真实的"读写融合"。

3. 素养发展性

《新课标》提到,语文学科作为一门母语教学,目标是为了让学生能够通过语文学习活动在学科核心素养的几个方面都获得进一步发展,并且树立正确的三观,以实现全面的发展。《新课标》明确提出:"学科核心素养是学科育人价值的集中体现,是学生通过学科学习而逐步形成的正确价值观、必备品格和关键能力。"因此,对于"读写融合"目标的设定必须能指向学生素养的培育,比如,要在积累的语言材料中建立联系,在探究中理解、掌握语言文字的基本规律,就是体现了对于"语言积累与建构"的素养目标;比如,要能够辨识、分析、比较、归纳和概括基本语言现象和文学现象,并能有理有据地表达自己的观点和阐述自己的发现,这些便体现了"发展逻辑思维"的素养目标。

因此,对于阅读目标,不能仅仅机械地停留于读这一篇的内容,对于写作要求仅仅是限于写这一篇的技能训练,比如阅读文本,易陷于应试题技巧导向,议论文写作停留于应试型写作训练。这样的做法,都忽视了素养培育的整体性,脱离了学科教育的本质。语文学科核心素养的四个方面是一个整体,同样,在"读写融合"的目标定位时也要全面、充分地关注核心素养,在核心素养目标下促进语文学习能力的全面发展和终身发展。

4. 学科本质性

如果设定的目标含糊和指向性不明确,就好比在"围墙外"绕圈,无法深入学习的"内核",触及不到学科的本质,学生常常会弄不清楚"究竟要学什么"。叶圣陶先生曾说:"从语文科,我们将会得到什么知识,养成什么习惯呢?简括地说,只有两项,一项是阅读,又一项是写作。阅读是'吸收'的事情,从阅读中,咱们可以领受人家的经验,接触人家的心情;写作是'发表'

的事情,从写作中,咱们可以显示自己的经验,吐露自己的心情。"[1] 叶先生在《略谈学习国文》中就提出了语文学科的根本在于阅读与写作的学习,二者之间天然形成一种向内输入吸纳和向外输出传递的双向关系。

基于此,我们在设定"读写融合"目标时,必须兼顾"读"与"写"两个方面的明确目标。这些目标不应仅仅局限于知识技能的掌握和应试能力的训练,而应着重于在学习过程中引导学生掌握读与写的方法与规律,使学习真正触及语文的本质,从而为学生奠定扎实的语文根基,赋予他们一个有"根"的语文素养。

二、任务——依据单元 落实教材

任务的目的是什么?当然是为了解决问题。统编高中语文教材中对于学习任务有非常明确、完整的表述,所要求的任务一般都包含任务情境、任务具体行为、任务指标及任务所需的支持四项内容,因此,它也是一个单元构成中不可或缺的重要内容之一。依据教材特点的不同,又分为单元学习任务与单元研习任务,必修教材的每个单元最后设置的是"单元学习任务",选择性必修教材则设置为"单元研习任务"。"学习任务"侧重学生主体学习经验的习得与积累,在体验、理解、感悟、反思的过程中更激发学生加深理解、主动学习、积极探索。相较而言,"研习任务"更凸显以学生为主体的研究性学习,所面对的研习任务往往更具有探究性,任务设置往往有一定的开放性,需要学生之间形成一定的合作互助、交流研究的氛围。所有单元中的学习任务都集中指向"读写"能力的综合性要求,在一定的情境设置中推动任务,其中既包含了对于单元主题思想内涵的理解,又明确针对多种形式写作的综合表达交流。"读写融合"的任务不能脱离情境,要能培养学生在情境中实现解决真实问题的能力,所以,把学科内容置于相对真实的学习情境中,通过任务来形成学生学习的内驱力,激发学习的主动性,才能让真实学

---

[1] 叶圣陶.略谈学习国文[M]//把书读活.武汉:武汉大学出版社,2023:31.

习发生。

据此,笔者梳理了统编高中语文教材中的单元任务,大致将"读写融合"的任务分为4个发展类型:随记积累、理性思辨、创意表达和评点交流。

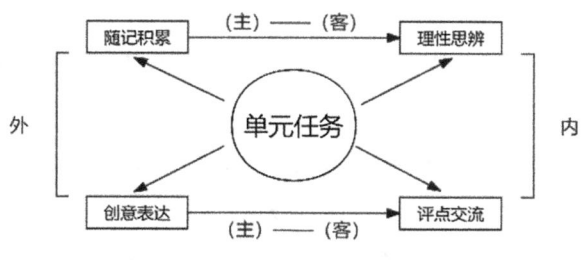

图2-4　4个发展类型的关系

1. 随记积累型

这一类任务的核心主要聚焦在"读与记",即伴随阅读的同时,是以摘抄、梳理、札记等方式即时性的积累和记录所阅读内容,是一种比较直观的阅读与表达形式。学生在读的过程中,可以记录阅读过程中有所启发的哲理性经典名言佳句,也可以记录阅读过程中激荡心灵、触发情思的句段,也可以写下相应的随感体会等,也可以称之为一种过程体验性"读写融合"。在这样的读写任务过程中,可以引导学生形成一种随读随记的学习习惯,也逐步培养学生静心、专注、投入的阅读态度。学生在阅读过程中与文本、与作者有所共情,形成共鸣,心灵触动而产生即时的阅读体会,及时加以整理记录,积少成多,从而逐步培养学生读有所获,记有所启的读写能力和素养。这是读写融合任务中最基础性的要求,也是长期以来我们基于语文学科特点,从教与学的角度出发,始终强调重视并坚持做的任务要求。

如:

● 记录下自己的思考,写一则札记。

● 任选一首诗,有感情地朗读,把你对诗作的理解通过朗读表达出来。同学之间相互点评。

● 以表格的形式梳理其中的具体事件、人物精神和作者立场。

● 摘录一些名言警句,谈谈自己的心得体会。

● 阅读文章,文中列举了哪些错误现象,作者又是如何层层辩驳剖析,并给出"药方"的。

● 选择其中一篇,从中找出主要概念,用一段话或一个图表揭示这些概念之间的关系。

● 阅读本单元课文,结合具体内容,感受和了解不同的民族文化和社会历史风貌,写一则读书札记。

● 从本单元课文中提取有效信息,为历史人物整理一份简略人物年表;或根据课文的叙述,拟写一份其兴亡简史。

● 列出一个表格,以便清晰地呈现文本的内容和思路。然后再总结一下,想一想,阅读这一类论著,应当掌握哪些基本的方法?与同学讨论,交流心得。

2. 理性思辨型

这一类任务的核心主要聚焦在"读与议"。从之前的随记积累型任务发展到理性思辨型的任务,从任务方向本身特点来看,是一个由外部向内核推进的过程。"记"这一写的形式显得更明确且更直接,而"议"的任务更在于学生读后的内在感悟和理解。当然需要指出的是,"议"的内容是针对所读,基于自己所读及思考,进而再理性表达呈现。此类任务中提到的所谓"议",并不与"写"矛盾,也并非排斥"写",口语交际的讨论、演讲、辩论其实也是"写"的另一种输出形式,是在这种交流表达的过程中,及时反馈对所读内容的理解和认识,辩证地发表自己的观点。这一类型的阅读任务更注重阅读文本的行文逻辑,探究其深层原因,以更好、更有效地表达自己的看法。"写"更强调读的内容的深层理解,更强调与生活实际的联系,"写"也更强调先体会文章是如何辩证讨论某一话题,进而再形成自己的观点和看法,有逻辑、有层次地表达。"思辨"型任务需要学生不断通过通读、研读、品读、深读来加深对文本的理解,还要关注讨论议题的现实意义和当下价值,这类读写融合的任务旨在提高学生的思维品质,逐步形成理性思辨,并且客观理性地表达所读所感。

如:

● 体会文章是怎样辩证地讨论有关"工匠精神"的话题的。

● 找出并分析文中的重要观点，进而深入理解全文。把自己的思考写出来，与同学讨论。

● 细读课文，探究上述问题（也可自己设计问题），写出自己的看法。

● 这两篇文章在思考方法和语言表达上各有特点，作比较。

● 联系当下社会生活，以"我们的使命"为题写一篇不少于800字的演讲稿。

● 梳理文章结构，理解作者观点，体会文中情感，完成任务。分别梳理两篇文章的思路，分析文中各部分之间的关系，思考作者为什么这样安排演讲的结构。

● 认真阅读本单元小说，分小组概括各篇小说中社会环境的特点，并结合具体内容分析社会环境对人物命运的影响，与全班交流。

● 围绕"责任与担当"的话题，小组选定一个议题（如"古代士人的担当""以天下为己任"等），各自准备发言提纲，召开一次专题讨论会。

● 有人认为……但也有人认为……你怎么看？为什么？可以根据不同观点组成两个小组展开辩论。

● 结合所学历史知识，参考相关资料，尝试写一篇短文，对两篇文章提出质疑或进行辩驳。

● 任选一位你喜欢的作家，再拓展阅读他的一些作品，从写作理念、艺术特色、语言风格等方面选择其一，深入思考，谈谈你的认识，全班研讨交流。

● 选择本单元的一篇文章，综合运用多种手段，向同学们介绍文章的主要内容或你的阅读所得。

3. 创意表达型

这一类任务的核心更倾向于学会方法之后的模仿转化，即通过阅读同一类型的文本，掌握这类文本的文体特点和一般写法，学会运用方法进而迁移创作，写出相仿的同一类作品。

如对于诗歌单元提出让学生创作诗歌的任务要求，小说单元提出从欣赏小说到创作小说的任务要求，引导学生关注生活，发现生活中的小说元素，去创作小小说。戏剧单元则对学生提出深入研读剧本，深入理解剧本的阅读要求,希望学生再读再研剧本之后能形成自己的"演出本"。这种对于同类型文本的读写任务,阅读要求不仅仅是知道文本写了什么,更是要懂得怎么写、如何写,某种意义上说,写的外在形式必然是为一定的内在主题服务,因此,这类读写融合任务中,"读"的过程更侧重研究方法,"写"的特点更强调自我表达的独特性和创意性,读写体现方法与实践的融合,应用性和综合性的融合,追求理解与模仿一致性的融合。

如:

● 深入研读剧本。多层次深入理解剧本的丰富意蕴。集体讨论,形成演出剧本。

● 发现生活中存在的"小说元素",试着从中采撷一二,以之为基础创作一篇小小说。

● 反复朗读这两首诗,体会不同体式带来的不同审美感受。可以试着用其中一首诗的形式改写另一首诗,进一步体会二者之间的差异。

4. 评点交流型

如果说创意表达类型的读写融合任务注重主观表达,那么评点交流类型更侧重客观评价。无论是要求提出写评点或写短论,写文学短评或人物短评,其读写融合的关键词在于"评"。"评"即评判、评价、评定、评议等,"评"一般以议论为主要表达方式,"评"需要在了解内容的基础上,同时要对标准和尺度有一定的把握,"评"也需要理解的态度和方式,因此,"评"的基本原则是要依托于一种范式来衡量,也要以客观公正、理性平和的态度来面对评价的对象。这一类读写融合任务的"评"更强调针对性和实效性,所"写"需要与所"读"紧密关联,"写"的质量如何是对"读"的本质效果的一种检验,因此,在"读""写"的融合过程中,进一步帮助学生深入理解文本的思想内涵、丰富意蕴和文本的独特价值,在"写"的内容中充分体现了"读"的理性思考,深层理解。

如:

● 选取自己印象最深的一点进行分析并与同学交流。

● 你有过哪些难忘的读书经历?跟同学分享一下。

● 从本单元选择一首诗词,就你感触最深的一点,写一则 800 字左右的文学短评。

● 反复朗读,细加品味,写一段评点文字。

● 细读本单元课文,想想其中包含的科学思维方式带给你哪些启发,与同学交流。

● 任选一篇课文,选取一个角度(如思想观点、论述方法、思维方式、语言表达),写一则读后感。

● 认真阅读这两篇文章,用旁批的形式就这些方面作一些评点。

● 深入阅读课文,结合具体内容,就作品新闻性与文学性的统一写一篇札记。

● 借鉴这种写法,揣摩班固对苏武的认识和评价,尝试以班固的视角,写一则人物短评。

● 你是否赞同这种概括?联系自己读过的现代文学作品,特别是本单元作品,作出你的判断并说明理由,与同学交流。

● 从本单元所选的古代散文中选择一篇,试作评点,并与同学交流。

学习任务之间肯定是有不同的。"读"与"写"都是一种实际应用性的表现,在情境任务中学生搜集的语料,终将积聚形成一定的语言习惯,习惯累积后将能逐渐培养、形成一种素养和能力。教材中所明确的各项学习任务,从某种意义上说只是我们使用的一个"诱饵",我们进一步从学生主体考虑,"学"什么,如何"学",如何基于"读写"融合构建一个让学生积极参与、主动学习的课堂,在课堂参与中真实学习,完成高质量的"读写"任务,在任务驱动下,我们有了进一步的思考空间,需要深入挖掘去探索更有吸引力的活动设计。

三、活动——实践创造 在"做中学"

提到"活动",首先,我们可以将当下的"经验学习"与传统的"非经验学习"进行比较。"非经验学习"过程对于知识之间的内在关系,侧重于"传授—训练—记忆"的方式单向传递,"学习任务"的完成,实际上包含了"经验积累—反思升华—主动实践"的发展过程,这种发展过程更是一种螺旋上升的学习进阶,其结果指向的是实现提升学习者的学科素养。而郑朝晖老师曾经在《语文学习任务群的相关概念厘析》一文中提出与"经验学习"紧密关联的"学习任务"则只能通过持续实践反思的主体性活动来实现。[1]

我们再来看"读写融合"的活动设计。安德烈·焦尔当指出:"活动的设计尽量接近真实情境,……儿童在这里表现出自己的能力,施展创造力。实践经验常常会产生更大的影响,促进对知识的占有和记忆。"[2] 的确,"教师必须引入一些活动,让学习者彼此分享自己的观点。""教师应尽可能地从学习者出发,从他们的即时想法、个人想法、集团想法出发。"[3] 基于单元学习任务的要求,我们需要精心设计活动,并且最好能将活动与活动之间形成读写的关联逻辑,让学生在一个个活动过程中获得体验感,获得学习的乐趣和成就感,真正学会学习,并且不断在学习中得到启迪,有所创造。这或许就是我们常说的"做中学"。

如果我们再进一步与教材单元学习任务照应关联看,课堂教学活动的对象依然是以学生为主体,教材文本作为承载依托的抓手,单元任务作为读写活动的根本,通过各种形式多样的活动来激发学生对语文学习的投入和热情。并且,在学习任务的指导下,可以通过各种丰富活动内容来帮助促进学生深入阅读,读思结合,鼓励积极表达,在这样的读写实践中习得语言应用的经验积累;在这样的读写实践中不断形成对问题有逻辑的思考,更深入地反思,从而加深对文本的理解感悟,逐步提升和发展思维品质。与此同时,还能够在这种读写实践活动中获得审美,理解和认同中华文化,增强文化自信,继承和弘扬中华优秀传统文化。

"读写融合"的活动设计,大致也可以形成 4 种方式:展示式、议题式、创

---

[1] 郑朝晖.语文学习任务群相关概念厘析[J].教育研究与评论,2023(6):52.
[2] [法]安德烈·焦尔当.学习的本质[M].杭零,译.上海:华东师范大学出版社,2015:79.
[3] [法]安德烈·焦尔当.学习的本质[M].杭零,译.上海:华东师范大学出版社,2015:167.

编式和研讨式。

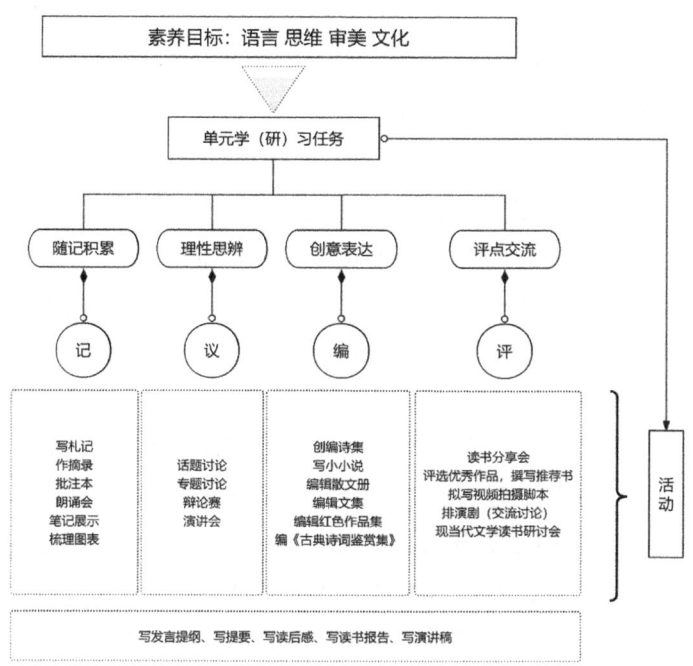

图2-5 基于单元学(研)习任务的"读写融合"

1. 展示式

基于第一种类型的学习任务主要是以读记为主,大多任务要求是作摘录、写批注、梳理填表、画思维图、写札记等方式,这种即时性、阅读伴随型的记录和积累所读内容,比较直观地显现了生成性的读写成果,我们可以举办一个诗歌朗诵会,或者是学习成果交流分享会,或在班内举行优秀阅读笔记展览活动等。学生在展示成果的同时,可以分享自己的阅读经验和收获,把自己阅读的所感所想进行表达,同学间学习倾听,互相交流,将读写成果可视化,使得学生对他人的学习成果评价更直观、更理性,互评互促中取长补短,后续再进一步优化读写的成果。

2. 议题式

这类活动方式大多针对性较强，议题比较集中，由于话题都是来自单元内容主题，因此读写任务往往落实在联系当下的社会生活，结合当下的现实思考，话题的现实性等角度展开演讲、辩论、讨论等。我们可以组织一次演讲大赛，让学生就所学的演讲类文本，总结文体规律，掌握写法特点，再经由自主全面思考，理性分析后，在班级或学校演讲会上大胆表达。我们也可以组织专题讨论会，就单元主题中的核心话题展开辩证地讨论，过程中需要记录他人的观点，同时再针对性地写出自己的理解，概括提炼自己理性辩证的思考，讨论话题一般都是具有一定的开放性，所以，大家可以讨论，但所有讨论的基础还是要有理有据，能够以理服人，可以就内容，也可以就表达策略以最终达到讨论交流的目的。或者我们也可以组织辩论赛，辩论双方立场定位明确，在质疑辩驳说理的过程中，体现自己的逻辑思维和语言表达交际能力。相对于讨论会，讨论话题更开放、更宽松，辩论会的气氛可能会更紧张激烈，因为迅速反应和敏捷思维能力，清晰流畅的表达，对学生"读"的广度基础和"写"的厚度依据，表达的速度效果，都提出了更高的要求。所以在理性思辨任务的指导下，我们有必要组织一些现场的演讲、讨论或辩论，在这样的活动中，及时生成读写成果，反馈效果也将更加明显，评判也就立见高下了。

3. 创编式

在这一方式的活动设计中，我们可以给予学生身份的转换，扮演角色的拟定。基于任务的指向性比较明确，需要学生集体合作，创编各种类型的文学集（册），如编写创作诗歌集、编辑散文册、编辑红色作品集、编辑《古典诗词鉴赏集》等。当然如果要对文集（册）的类型进行细分也是有区别的，创写诗歌的文集、创作小小说，都是力求以引导学生创作仿写为主；编散文册、红色作品集主要是引导学生对文体类型的把握，文本内容的整理归类为主，在阅读的基础上需要对文体和文本特点有进一步的理解掌握，才能编辑归类成文集；而对于编辑古典诗词的《鉴赏集》，可能在编的过程中更需要呈现学生鉴赏表达,一方面是古典诗词所具有的典型性和独特性的文学审美鉴赏和意义理解,另一方面是古典诗词更需要引导学生对中华民族传统文化经典的传承和弘扬。活动设计中,可以让学生以编辑身份,去为文集收集选稿、点评批注、理解鉴赏,进行合作排版,宣传推广等等,在多种活动的实践体验中,丰富学生的读写经验,在读写的综合实践活动中培养语文学科核心素养和语文学科的能力。

4. 研讨式

研讨式活动也是比较常用的能够体现读写融合实践的活动方式。如果说仿写创作、创编文集注重学生的自我表达、主观体验,那么在评点方向的读写任务,可以通过读书分享会、读书研讨会的活动方式,让学生呈现精读、细读、品读、深读,理解后客观评价。如有要求举办当代文学读书研讨会,分享研讨会上学生还可以综合其他相关材料、各种拓展资料,如作者经历、史料背景、其他名家评语等,再写出自己阅读见解和看法。当然也可以在会上让所有参与者共同评选优秀作品(写出理由),为推广阅读作品撰写推荐书等形式的活动。还有可以让学生拍摄推介作品的小视频,就需要学生拟写视频拍摄脚本,进行人员合作分工,对脚本的各环节进程需要研讨等等。对于戏剧排演,也可以组织排演讨论会,对演出人物角色的理解,对演出后的感悟体会,对演出的评价等。从主观创意的表达到组织评价研讨,活动组织形式既可以是个体表达,也可以是集体智慧的碰撞,既可以是主观独创也可以是客观理性的评点,无论何种形式的活动,都始终在任务的驱动下展开以学生为主体的语文学习活动,在活动的综合实践中让学生有所思、有所感、有所悟、有所学,真正在教师设计的情境活动中做到"做中学"。

当然,在实际教学中,教师也可以根据教学对象的学情和自身对语文学科理解去创设研发个性化的学习活动。但在活动设计的过程中一定要注意彼此之间的相互关联,要能形成实现单元教学目标的"合力",在活动中实现单元任务的要求。同时,任务的达成也要体现语文读写融合的综合性和实践性的目标,指向学生学科核心素养的培育。

四、评价——多元综合 学评一体

对于"读写融合"的路径探索,除了需要对目标、任务和活动设计等路径进行思考以外,"读写融合"的学习评价也是不可或缺的重要环节。评价是一个非常复杂的过程,这一过程本质上是一个对评价对象判断的处理过程,这一过程需要评价者根据评价标准进行量化和非量化的测量,最终得出一个可靠的并且有逻辑的结论。

首先,对于"读写融合"过程的评价是一种多元的综合性评价。为什么这么说?因为基于 solo 分类理论对学习质量的评价,焦点并不是集中在学生对于"读和写"的知识内容"量"的多少,而应是读与写的"质"在哪个层级,或者说是与之前的差异变化在哪里。"读写融合"的学习主体是学生,终极指向的是学生的素养能力,那么我们评价的关键点就是要看到在这样的"读写融合"的过程中,学生的学科核心素养发展究竟达成与否,能力是否同时也形成变化发展。因此,评价并不是标准的多元,而是评价方式的多元,可以是学生自我评价、学生间相互评价,也有教师评价等。多元评价起到一定的引导激励作用,也有一定的诊断鉴定效果,在评价中鼓励再读再写,在评价中促反思再读再写,某种程度而言,评价者的异质构建进一步激发和促进学习者反观自我,学习他者,在不断的比对、修正学习成果的同时,获得自我学习的提升和发展,这就是评价过程中学习素养的提升和发展。

从另一方面来看,按"读写融合"学习阶段的不同,还需要两个方面的评价考虑,即形成性评价和总结性评价。

形成性评价是伴随读写过程中进行的,目的在于矫正,评价不是学习的结束,而是新一轮学习的开始。形成性评价侧重于对某一项读写任务的完成过程进行评价反馈。比如,任务要求"反复朗读,细加品味,写一段评点文字"。如果学生不能达到最基本的要求或不能达到最基本的目标,那么,我们就需要思考:问题在哪里?学生的难点在哪里?是阅读存在障碍影响了写作表达,还是有阅读能力但是写作上存在难点?学生阅读文本时是否忽视某些细节?还是学生在读与写之间缺少沟通,没有建立形成联系和融通?仅仅是为读而读,导致了为写而难写?所以,形成性评价是整个教学过程的一个部分,其建立可以帮助教师与学生,通过评价知道评价之后应该怎么做,怎样做才能更好更有效。学与教在这种评价过程中,可以不断得到矫正和调整,呈现一个动态中发展延续改进的趋向,形成性评价伴随下的学与教将更体现针对性也更有实效。

总结性评价一般是在一个阶段的教学结束后进行的。相较形成性评价的即时性,总结性评价更显现的是阶段学习的成果反馈。当然对于"读写融合"任务的完成度评价,侧重点可能更聚焦于各单元对于读写任务的落实程度,我们可以依据教材中的单元学习任务的具体要求来进行判断或给出结论。比如,教材中《乡土中国》和《红楼梦》整本书阅读单元的学习,我们可以在整本书阅读教学任务完成后,进行总结性评价以检视学生"读"的情况与"写"的结果,学生是否通过阅读整本书,建构读整本书的经验,形成适合自己的读书方法,提升阅读鉴赏能力;对于学术著作《乡土中国》,通过反复阅读和思考,能否做到抓核心、析框架、重"问题"等;对于小说《红楼梦》,通过反复阅读和品味,深入探究,能否把握文本的丰富内涵和精髓……基于阶段性总结评价,学生可以对某一大类学习任务的学习成效有所收获和思考,在评价中更清晰了解自己可能在某一类文体阅读或某一类写作中的优势或短板在哪里,或者可以再进行反刍式学习,或者可以在下一个新的学习阶段的时候,对自己在阅读或写作上技能、策略、方法予以调整和重视。

总之,在"读写融合"学习过程中,无论是哪一种评价手段或方式,都没有高下之分,评价的目标不是学生的行为,而是学习行为的结果,所有的评价都是基于促进学生主体性的变化和学习结果的水平层次的提升,都是为了更好地促进学生学习的积极性和主动性,为了进一步让学生在学习能力和学科素养上有更好的发展。所以,在读写融合的过程中,我们需要多元综合的学习评价,我们也始终坚持"学评一体化,学评的一致性",只有在这样的动态平衡中才能得到有价值的学习诊断,获得正确的学习导向。

表2-8　基于 solo 分类理论的读写学习层次评价

层级	读	写	自评(或互评) ☆☆☆☆☆
前结构	以自我为中心,有口无心地看字、词、句,缺乏连贯性	以自我为中心,没有读者意识。 没有一致性要素,不连贯,不相关	
单点结构	只是浅表化地阅读文字,大致记得写了什么内容	很个人化且很简单,只是直线型单线展开,没有获得某种效果	
多点结构	能基本概括阅读内容,基本理解作者情感态度,类似AI读法	有表现手法,但因老套而效果乏味。有明显的写作要素,但孤立呈现	
关联结构	能理解文本核心、深层内涵,并能读懂文本的行文思路及表达技巧	熟练地掌握了写作技能要素,有效地利用写作要素并能综合灵活组合,效果新颖别致	
抽象扩展结构	在读懂写了什么和怎么写的基础上,能思辨,有创见	能从不同层面对意义进行认知。 创造性地使用技能传达多重意思	

第五节 "数智"赋能"读写融合"创新发展

"数智"时代，随着信息技术的快速发展和普及应用，教育领域正在经历一场深刻的数字化变革。作为全国首个"教育数字化转型试点区"，上海市积极探索数字教育"新环境、新体系、新平台、新模式、新评价"体系建设。数字教育不仅仅是技术工具的引入，更是教学理念、模式和方法的系统性变革，旨在通过数字技术赋能学生个性化、多元化学习与成长，打造智慧课堂环境，实现教与学的深度融合与创新。

"双新"背景下，整本书阅读是语文学习的一个重要内容，是培育学生语文学科核心素养不可缺少的部分，也是困扰教师的教学难点。整本书阅读重点在于以核心概念引导阅读，促进学习"主题化""生活化""项目化"，打开阅读的视域。笔者所在团队利用教学的数字化转型赋能整本书阅读的项目化学习，探索在数字化转型中，将中华优秀传统文化融入教育的有效方式。笔者所在学校自2020年启动智慧教育项目以来，着力打造教育信息化应用标杆校，并携教育集团共同构建"众创学院"智慧校园。以下是笔者立足整本书项目化学习的教学案例，阐述"数智"时代下阅读优秀经典、践行立德树人方面"读写融合"的思考与实践。

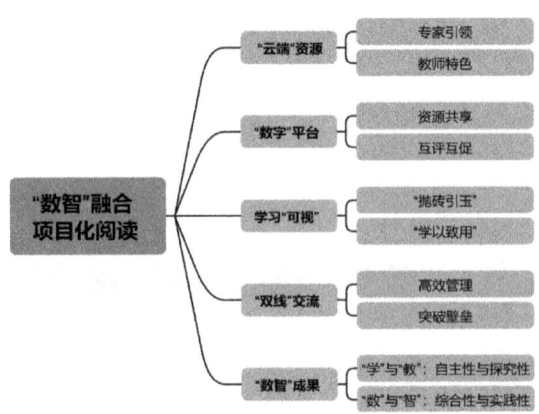

图2-6 "数智"融合项目化阅读的实施策略

一、开发构建 "云端" 资源

1. 专家引领

首先,我们通过数字平台开发构建"云端"资源,在项目化学习起始,初读阶段就为学生提供丰富的《红楼梦》学习资料。《红楼梦学刊》等公众号作为长期固定的在线资源,为学生提供专家指导。詹丹开设的公众号"弘衍阅读"、视频号"耕读红楼",并结合专著《重读〈红楼梦〉》和《〈红楼梦〉与中国古代小说再阐释》等,这些公开"云端"资源形成了一个完整的学习体系。

图2-7 "云端"资源示例(微信公众平台)

此外，其他学者的在线资源也极大地丰富了"云端"平台。例如，余党绪的《思辨读写与整本书阅读》（开学第一课中学生如何阅读《红楼梦》）、吴泓的《整本书思辨阅读：〈红楼梦〉》、欧丽娟的《大观红楼》以及《学习强国》平台等视频资源的讲解导读都是丰富的信息资源，深入浅出地配合指导，帮助当下中学生走进经典《红楼梦》，推动中学生积极阅读积极思维。

2. 专业论文素材

除此以外，我们还针对学生的具体研究选题，挑选整合专业论文素材，进一步丰富"云端"资源库，为学生提供更深入的学术支持。例如，为学生提供小说人物研究的基本原则相关材料，辅助学生完成人物档案册的制作；为学生提供《红楼梦》与《乡土中国》的结合点示例，辅助学生完成田野调查报告的撰写。

图2-8 "云端"资源示例（教师整理资料分享）

开发整合数字化资源，不仅方便学生主动学习，也有助于构建"云端"资源库，促进教学资源的共享，实现现代教育的公平开放。

3. 教师特色

结合教师自己对经典名著的理解和赏析与实际学情的把握，制作微课进行过程性的指导。例如，团队中的老师分别从人物个例研究、居室与人物的关系等方面制作微课，为学生提供深度解读人物的路径。

表2-9 教师微课一览表

微课系列	执教教师
简析小说前五回	一
居室与人物的关系探究（一）	
居室与人物的关系探究（二）	
竹与林黛玉人物形象	
"高门庶女"贾探春	
小说次要人物掠影	
香菱学诗	
谁杀死了冯渊	
人物细读——以贾政为例（一）	
人物细读——以贾政为例（二）	
人物被"打出生活常轨"——刘姥姥	

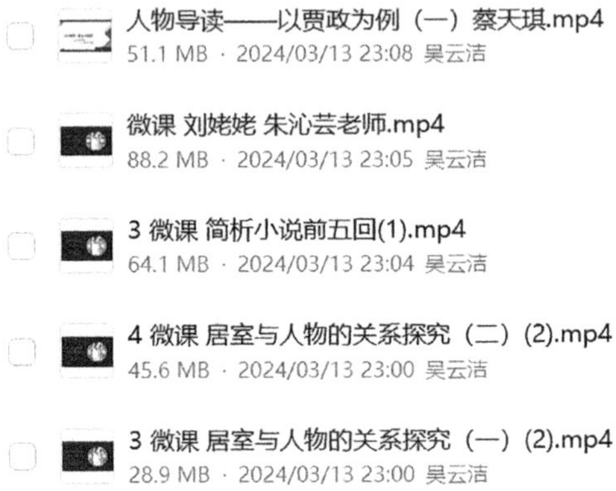

人物导读——以贾政为例（一）蔡天琪.mp4
51.1 MB · 2024/03/13 23:08 吴云洁

微课 刘姥姥 朱沁芸老师.mp4
88.2 MB · 2024/03/13 23:05 吴云洁

3 微课 简析小说前五回(1).mp4
64.1 MB · 2024/03/13 23:04 吴云洁

4 微课 居室与人物的关系探究（二）(2).mp4
45.6 MB · 2024/03/13 23:00 吴云洁

3 微课 居室与人物的关系探究（一）(2).mp4
28.9 MB · 2024/03/13 23:00 吴云洁

图2-9 教师微课示例

对教师而言，这些微课充分展现了其独特教学风格和专业优势，也促进了教师间的经验交流和互学互鉴。对学生而言，微课不仅将复杂的知识点浓缩成简短精练的视频内容，便于学生学习，还能让学生接触到多样化的教学方法和视角，为学生提供丰富多彩、个性化的学习体验。这种师生"线上学习"的创新型的教学资源开发模式，将为现代教育注入新的活力。

二、数字平台　收集整理

1. 资源共享

数字平台打造了一个线上线下一体化的"混合式"学习生态,有助于形成有质量的互动学习环境。学生通读研读完成人物相关情节的收集与梳理并通过数字平台共享。

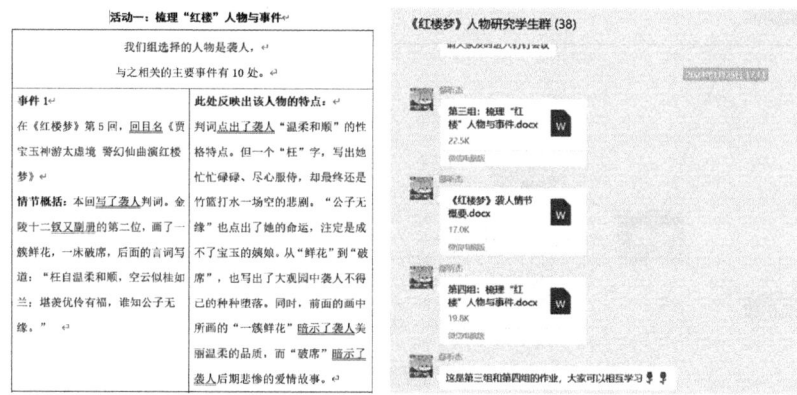

图2-10　数字平台交流示例(资源共享)

2. 互评互促

利用群组建制,教师可以在组内充分调动学生的学习积极性,鼓励学生互相学习,互相辩论,互评互促,真正实现以学生为主体的有意义的阅读教学。

图2-11　数字平台交流示例(师生互评互促)

三、支架带动　学习"可视"

1. "抛砖引玉"

在整本书阅读的研读阶段,教师提供学习支架,引导学生学会运用思维导图整理知识、分析问题,使抽象的思维过程变得可视化。

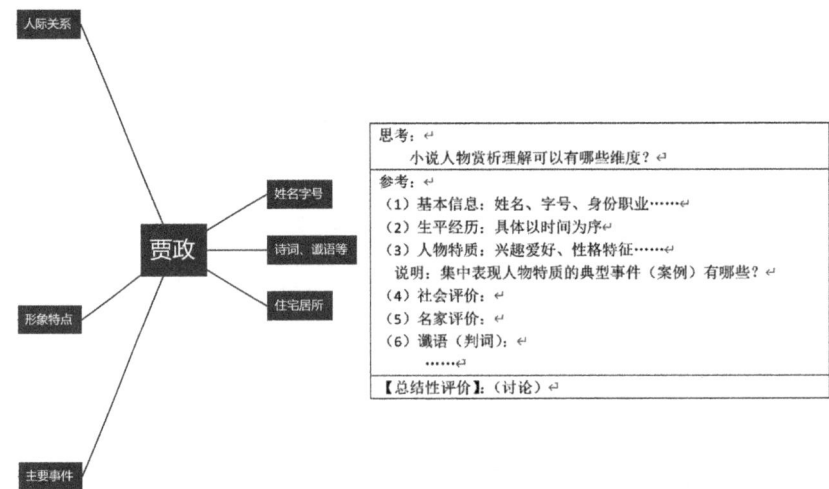

图2-12　学习支架示例

2. "学以致用"

学生能够独立绘制思维导图,将知识点之间的联系以图形化的方式呈现出来。这不仅有助于他们更好地理解和记忆知识,还能培养其逻辑思维和创新能力。例如,学生在人物档案册的制作中,将人物之间的关联通过思维导图呈现;在撰写田野调查报告时,通过思维导图找到《乡土中国》的相关理论在《红楼梦》中的表现。

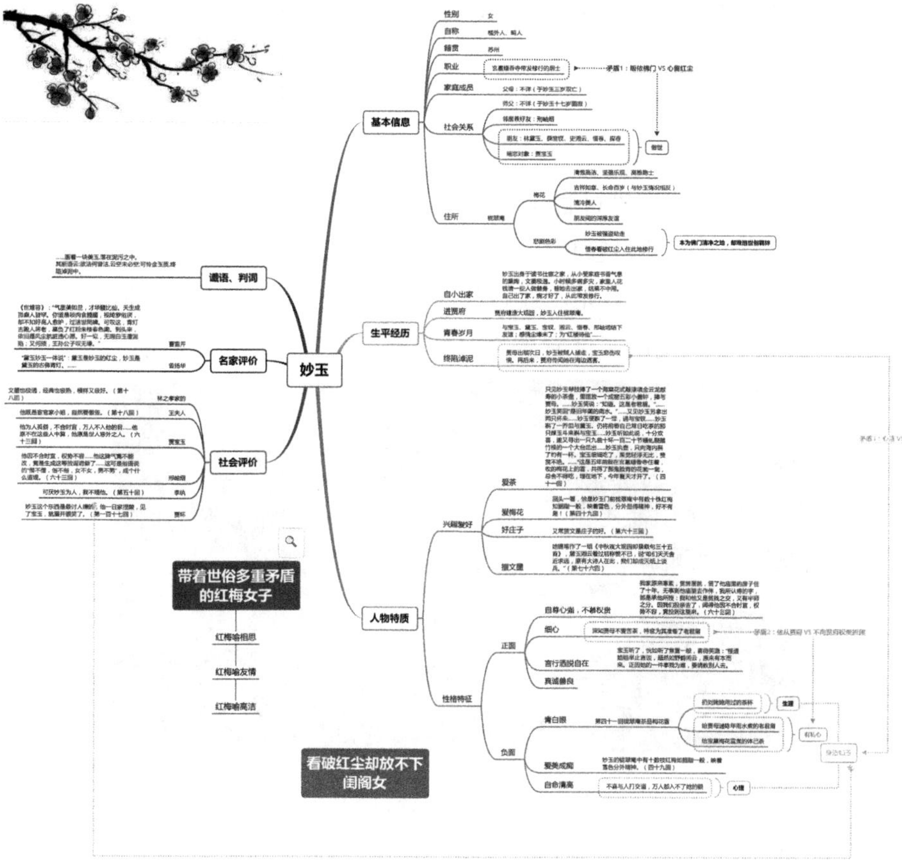

第二章 识斯真："读写融合"之道

图2-13 "红楼人物"思维导图（学生）

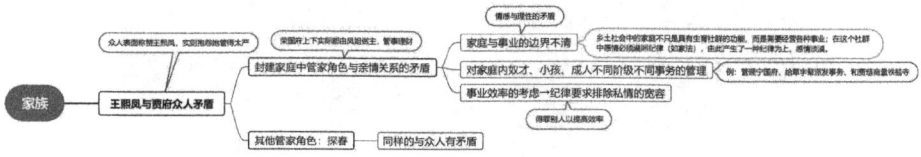

图2-14 "红楼大观"思维导图（学生）

四、互动分享 "双线"交流

1. 高效管理

在项目化阅读的推进过程中,我们通过钉钉平台、科大讯飞平板等线上管理工具实现高效的项目管理。这一创新方式打破了"一言堂"的旧有模式,使课堂变得更加互动和多元。通过线上线下相结合的方式,教师和学生实时交流和互动,不仅提高了课堂效率,也培养了学生的自主学习能力。

图2-15 线上共读(师生)

图2-16 线下展示(师生)

2. 突破壁垒

项目化阅读开展过程中开发的所有"云端"资源都通过线上共享的方式提供给学生。不仅校内学生可以查看,我们还将资源共享至集团学校。集团"众创学院"通过网络平台项目引领,满足学生个性化学习需求。《红楼梦》整本书项目化阅读"上架平台以来,招收集团学校学生参与项目,突破空间壁垒,在虚拟的学习空间线上交流。"云端"资源与"云"课堂教学方式,不仅能够实现区域内的资源共享,还能进一步实现更广泛地交流与应用,对于促进教育、教学公平,实现教育"又好又快"的发展具有深远的意义。

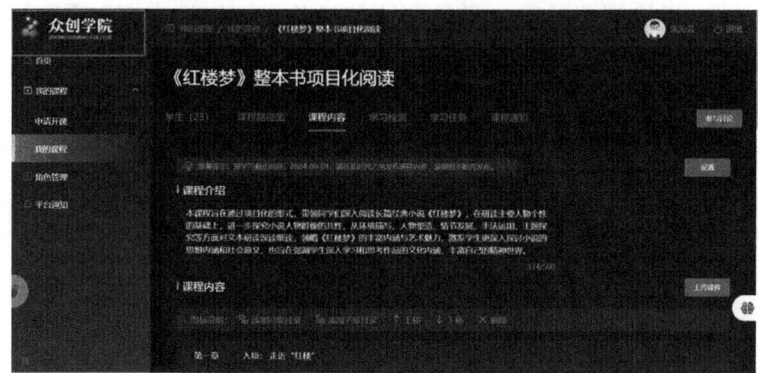

图2-17　科大讯飞平台开发"众创学院"(课程主界面)

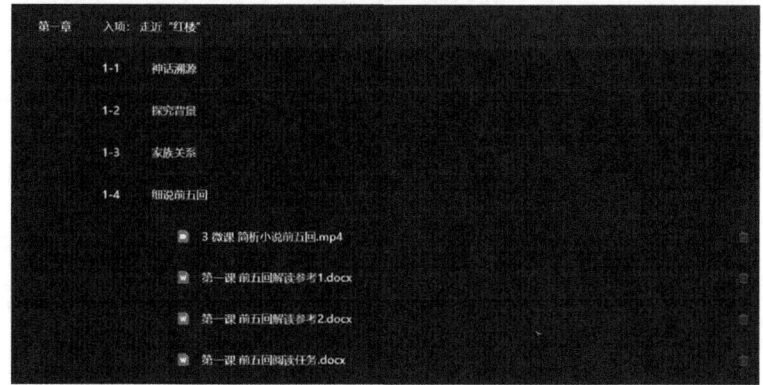

图2-18　科大讯飞平台开发"众创学院"(课程资源界面)

五、全面展示 "数智"成果

1. "学"与"教":自主性与探究性

数字时代的到来,打破原有传统的经验式教学,将过去以教知识为主的单向传导模式转变为融合技术的新型现代教学手段,实现由知识技能走向素养指向的现代教学理念,最终完成立德树人培育目标。《红楼梦》整本书项目化阅读目标是以"赏析人物形象"重构《红楼梦》,以"制作客观准确、完整系统的《小说人物(电子)档案册》"为驱动性任务,推动学生整本书阅读的有效学习,建构阅读长篇小说的方法和经验。《"红楼大观"项目》则要求学生勾连《红楼梦》与《乡土中国》两本著作,进行田野调查,形成报告册。

表2-10 《〈红楼梦〉人物研究档案册》(学生成果)

组别	研究人物	学生	论文题目	指导教师
第1组	贾探春	—	贾探春女性意识的缘起缘落	—
			贾探春的文学才情与时代背景下的文化意蕴	
			贾探春的地位变化及其创新思想	
			浅析贾探春的说话艺术	
第2组	刘姥姥	—	刘姥姥在大观园中的"以一见百"——浅析〈红楼梦〉中的写作策略	—
			刘姥姥——《红楼梦》中超越丑角的存在	
			刘姥姥——见证贾府之盛衰	
			从认知看刘姥姥人物形象——以刘姥姥进荣国府为例	
			浅析刘姥姥这一丑角	
第3组	晴雯	—	晴雯:等级观念的矛盾与统一——以"冷笑"为例	—
			从晴雯赶走坠儿——论晴雯的自我认知和角色定位	
			被局限的自我意识:晴雯悲剧中的文化缺失	

（续表）

组别	研究人物	学生	论文题目	指导教师
第3组	晴雯	—	《红楼梦》中晴雯的性格特质	—
			通过晴雯的小过场看《红楼梦》绝妙的艺术创作手法	
			《红楼梦》中的晴雯，依附命运的真实映射	
第4组	袭人	—	从名字看袭人的多面性	—
			论袭人的自我规训与建构	
			袭人的语言智慧	
			袭人的爱情悲剧之源——思想差距之因	
			从判词看袭人的命运和人物形象	
			论袭人的"真"与"假"	
第5组	王熙凤	—	"红装素裹"王熙凤	—
			悲剧与闹剧：论王熙凤的婚姻	
			论王熙凤的八面玲珑	
			王熙凤：封建社会中女性形象的突破与再认识	

优秀成果一

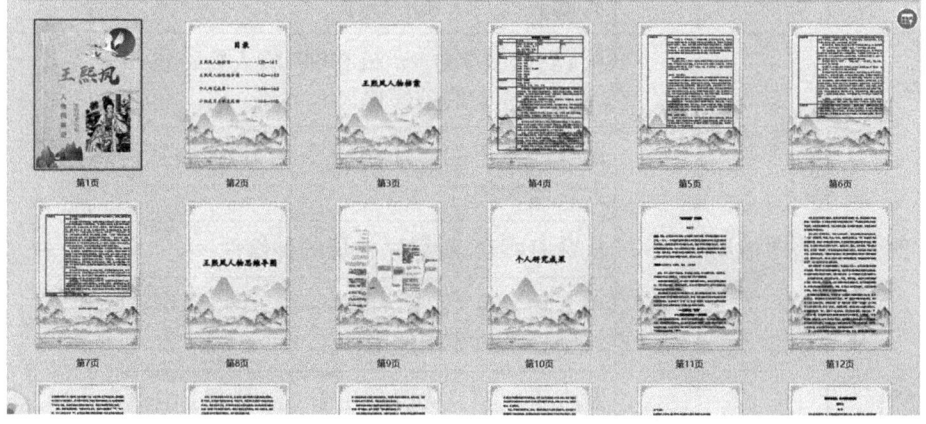

优秀成果二

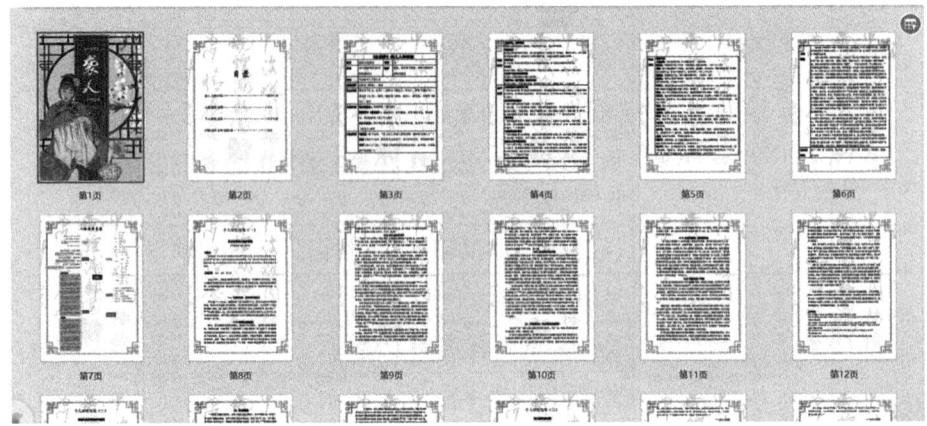

图2-19 《红楼梦》人物研究档案册(部分学生成果)

表2-11 "红楼大观"田野调查报告(学生成果)

组别	研究主题	学生	报告题目	指导教师
第1组	礼治秩序	—	《红楼梦》中的婚姻礼法	—
			礼治秩序下的绽放与凋零	
			大观园中青年人对"礼"的态度——从《礼治秩序》看红楼之"礼"	
			从黛玉行为探礼治秩序	
第2组	差序格局	—	从《红楼梦》中"亲疏有别"看人物特点——《红楼梦》中的差序格局	—
			地缘关系下的差序格局——以《红楼梦》中大观园为例	
			从贾府盛衰,看差序格局的伸缩性	
			小人物也有"大作为"——差序格局中人物与中心者的互相作用	
			贾宝玉之镜:从贾宝玉看《红楼梦》中差序格局	

（续表）

组别	研究主题	学生	报告题目	指导教师
第3组	家族	—	"管家"角色的矛盾——对王熙凤形象的再探讨	—
			月下红楼，母子缘深——浅析《红楼梦》中母子关系所反映的封建现象	
			再读《红楼梦》：《乡土中国》理论视域下的家族功能	
			探索从金玉良缘看待封建与反封建对抗的路径	
			从《乡土中国》中的家族视角，以贾府为典型，分析这类封建门阀世族的必然衰落	
第4组	从欲望到需要	—	从欲望与需要的角度看林黛玉和薛宝钗	—
			大观园中的觉醒者们——从《从欲望到需要》看《红楼梦》中不同阶层的自由意志	
			《红楼梦》饮食文化中的欲望与需要：透视《乡土中国》的理论镜像	
			浅析封建社会对女性欲望的压制——以王熙凤为例	
第4组	从欲望到需要	—	殊途同归的双生花——以《从欲望到需要》的角度看袭人与晴雯的不同人生	—
			欲望和需要，母女之爱恨——从《乡土中国》看《红楼梦》中，贾探春和赵姨娘之间的关系	
第5组	系维着私人的道德	—	从王熙凤对侍从之态度见其道德之伸缩	—
			分析《系维着私人的道德》中概念在《红楼梦》中的体现——以贾府主仆关系为例	
			从《红楼梦》看"维系着私人的道德"如何调和	
			贾母：维系着私人的道德的大家长	
第6组	血缘与地缘	—	利浓于血	—
			"木石前盟"还是败给了"金玉良缘"	
			薛宝钗人物分析：血缘与地缘的交织影响	

(续表)

组别	研究主题	学生	报告题目	指导教师
第7组	男女有别	—	论《红楼梦》中贾母的"双性"特质	—
			空间隔离和情感隔阂：论《红楼梦》中的男女有别	
			从"回避"看红楼梦中的男女有别	
			《红楼梦》中女性形象的情感定向——阿波罗式与浮士德式的对立	

优秀成果三

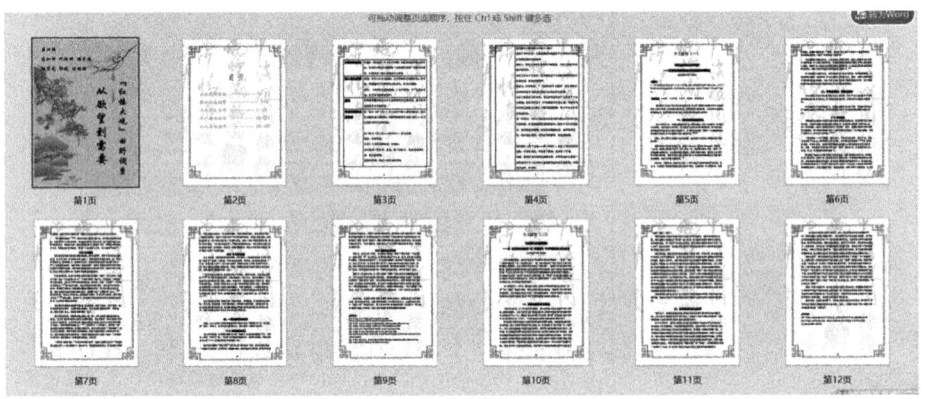

优秀成果四

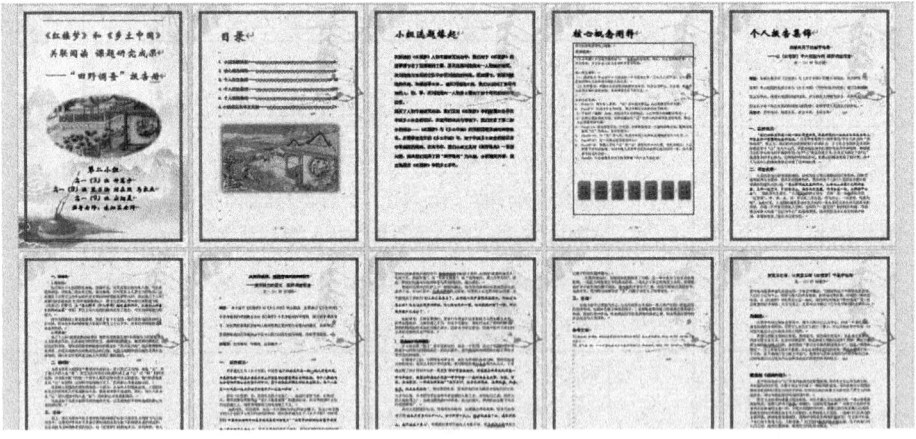

图2-20 "红楼大观"田野调查报告（部分学生成果）

2. "数"与"智":综合性与实践性

《新课标》中指出,开发多样化的课程资源"要借助信息技术优化整合课堂教学,引导学生经历多样化的学习过程,促进学生在更广阔的语言环境中主动学习,实现知识的迁移与运用。"因此,我们鼓励学生阅读整本书的同时,也参与课程资源开发,借助互联网,分类搜集、整理与小说《红楼梦》有关的图片、音频、视频资料,将人物档案册制作成视频进行组际的交流汇报,在学习中创造,在创造中学习。

第二组录屏.mp4　第三组录屏.mp4　第四组录屏.mp4　第五组录屏.mp4　第一组录屏.mp4

图 2-21　课题研究"数智"成果(学生)

3. 取得的成效:"双新"背景下的"学"与"教"

(1)学:促进学习方式的变革。

新技术的应用推动了学习方式的革新,打破了时间和空间的限制。在"数智融合"的新型学习环境中,学生不再局限于教室内的传统学习,而是可以通过各种数字平台获取专家的线上引领、教师的线上微课,既能拓展学习资源,又能适应个性化的学习。"众创学院"等线上教学平台更是打破"围墙",提高了教育资源的可及性,将优质的教学资源通过云端提供给更广大的学生群体,实现教育的公平化和普适性。

(2)学:在情境、任务中合作学习。

"数智融合"的时代使更新颖的学习方式和更多综合素质评价成为可能。"双新"理念强调让学习在情境、任务当中真实地发生。我们注重学生学习的自主性与实践性,在项目化学习中设置思维导图的制作、电子档案册的合成、视频的录制等合作学习任务,学生能够在真实学习情境中更好地展现和发展自身的综合素质。

(3)教:精准教学,实现"教学评"的一体化。

通过数字化工具和线上交流平台,教师得以更精准地把握学生的学习情况，实现基于数据的个性化教学。我们设计了前测和后测问卷，分别在项目化学习的前期（2023年12月）和后期（2024年6月）向学生发放，以便清晰地了解学生的学习进展。

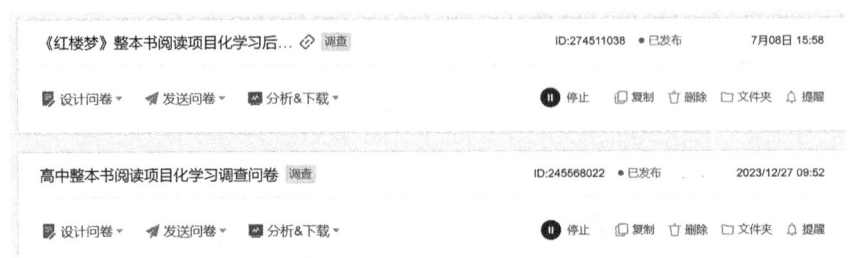

图2-22　前测、后测问卷

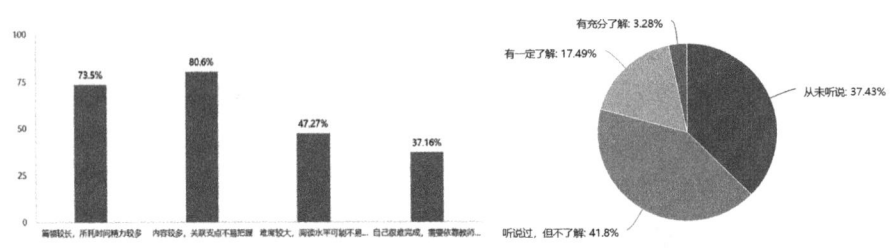

图2-23　前测、后测问卷数据图示例

此外，创新的评价方式也使得教师得以全面地记录和评价学生的学习成果。通过档案册制作的指导和制作完成后的评语为学生提供了全面、持续的反馈，将"教学评"一体的有机结合，使教学更加有的放矢，提高了教学效果。

（4）教：指向学科素养和学科关键能力的发展提升。

在新的教学探索中，教师的角色从知识传授者转变为学习引导者。教学不再局限于知识点的讲解，而是更加注重培养学生的学习素养和学科关键能力。通过设计多样化的学习任务和活动，教师帮助学生发展批判性思维、创新能力、信息素养等核心素养，为学生的终身学习和未来发展奠定基础。在项目中，教师引导学生在项目前期广泛查阅文献资料，在项目中紧扣文本细节，引经据典，像学科专家一样思考，强化项目的探索性与探究性，致力于设计突出语文学科特点的语文活动，做有语文味的项目，在"读写融合"过程中形成特色项目成果。

六、小结

数字化、信息化时代，"数"与"智"的融合，"学"与"教"的互促，将进一步助推技术与教学走向互利共生，激发教师"数智"育人的综合素养，开拓高质量的"数智"教学领域，探索实践数字时代的创新语文教学。

（本案例荣获 2024 年上海市中小学教师信息素养提升实践活动融合创新应用教学案例二等奖）

第三章

入乎境:"读写融合"之课堂实践
（课例举隅）

探寻史传文学深蕴的理想人格
——《烛之武退秦师》

《烛之武退秦师》隶属于《普通高中教科书 语文 必修 下册》第一单元,本单元以"中华文明之光"为人文主题,"思辨性阅读与表达"的学习任务群板块。本课主要围绕单元学习任务要求展开设计,侧重引导学生对于史传文学的思辨阅读。整节课从梯度层级上是由事发端,因事及人,再因人、事及史,在读与写的任务驱动过程中带领学生不断深入文本,又适时"跳"脱文本,最终指向对史学与文学、史实与文化、历史与当下的重重关系思考。

【教学设想】

新课标以语文学科核心素养为纲,以学生的语文实践为主线设计了18个语文学习的任务群。《烛之武退秦师》入选《普通高中教科书 语文 必修 下册》第一单元,本单元以"中华文明之光"为人文主题,属于学习任务群的"思辨性阅读与表达"板块。根据"单元学习任务"的设置,第1课(三篇文章)属于先秦诸子,且分别出自儒道两家的经典名篇,足可构成一个彼此互照的整体。第2课《烛之武退秦师》和第3课《鸿门宴》均属史传文学作品,内容上都涉及对中国传统思想文化的理解,也可作为一个相对独立的整体来设置学习目标、学习任务和学习活动。根据教材对单元人文主题的阐释,单元目标由总到分,那么对于《烛之武退秦师》一课的教学目标初步设定:品味语言,梳理情节,探究人物;以"春秋笔法"为导向,理解《左传》记史叙事、记言写人的文学表达,认识历史人物和事件的典型意义;学会理性地评价作者在历史叙述中反映出的思想、观念等社会意义。

从一定意义上说语文教学重在品读语言,不仅要准确理解语言的语义,理清语言组合的方式,还要把握语言所寄托的思想情感,更要感受语言所映射的人格魅力。引导学生在读思的过程中,概括、理解、品鉴和表达自己的看法和认识,在读的任务驱动过程中,引导学生提升鉴赏能力,发展思辨力,真正获得语文素养和能力。

【设计呈现】

导入:(初读)明题意

《烛之武退秦师》选自《左传》。《左传》是中国古代一部叙事完备的编年体史书。《左传》是解经之书,解释《春秋》,为《春秋》作注。"春秋"是孔子依据鲁国史官所编《春秋》加以整理修订的儒家经典。

《烛之武退秦师》的标题是后人(《古文观止》编者)所加,其字面意为烛之武击退了秦师,其实意为"烛之武说退秦师"或"烛之武智退秦师"。

标题中的核心词是什么?退,是"使……退"之意。一字立文,是叙事线索。一人面对强大的秦师,让其退,是否能退、如何使之退。其中内涵丰富,体现"春秋笔法",微言大义。今天我们这节课就从"说退"开始,进入文本去探究史传文学写人叙事中所深蕴的意义和文化价值。

设计说明:

(1)回顾所学,从知人论世的角度,帮助学生梳理作家作品,知道所学文本的出处及著作特点。(2)引导学生初读文本,回到历史现场,能知道事件所涉及的主要人物,大致了解整个事件的发展过程。

【环节一】(再读)梳理与表达——解叙事

《左传》是中国第一部叙事详细(完备)的编年体史书。《左传》用308个字对"晋人、秦人围郑"这个发生于僖公三十年的历史事件作了相对完整的记录与展开。

那么,烛之武一人究竟是如何成功退秦师的呢?从文本中,我们可以得出是"说"退。

学习活动一:请同学读一读文中烛之武"说"退秦师的内容,并用最简洁的语言概括——烛之武"说"退秦师的内容。(要求:概括全面且准确简洁。)

参考:(核心) 亡郑 厚晋 不利秦
- 秦劳师袭远,于秦无益,于晋有利。
- 以利相诱,劝秦舍郑。
- 晋在历史上背信弃义出尔反尔;而在现实中晋的扩张意图必然损害威胁秦。

点评:
烛之武以"利"为核心劝秦,主要是从地缘关系、历史旧事、现实形势三个方面论证了亡郑存郑之于秦国的利害关系,处处使用"利益"二字打动秦穆公,最终使得秦穆公心悦诚服。所以,他非常清醒地认识到,重"利"是秦晋的共同取向,也是现实政治的缩影。

补充:
吕祖谦在《左氏博议·卷二十一·秦济河焚舟 文公·三年》中所言:
"天下之事以利而合者,亦必以利而离。秦、晋连兵而伐郑,郑将亡矣,烛之武出说秦穆公,立谈之间存郑于将亡,不唯退秦师,而又得秦置戍而去,何移之速也!烛之武一言使秦穆背晋亲郑,弃强援、附弱国;弃旧恩、召新怨;弃成功、犯危难。非利害深中秦穆之心,讵能若是乎?秦穆之于晋,相与之久也,相信之深也,相结之厚也,一怵于烛之武之利,弃晋如涕唾,亦何有于郑乎?他日利有大于烛之武者,吾知秦穆必翻然从之矣!"
正是因为抓住秦穆公看重"利益"的心理,才得以瓦解秦晋之间的军事联盟,最终使得郑国转危为安。这充分显示了烛之武对逐"利"时代的清醒认知及睿智。

设计说明:
这一环节设计主要是进入课文,能引导学生概括叙事内容,找到烛之武说秦的关键核心在于以"利"退秦。烛之武与秦王这一番说理是整个事件的重要部分,"记言只有发展成为叙事中的人物语言,才能与叙事中的记事一起推动故事情节向前发展,记言向人物语言的发展变化是推动史传叙事走向成熟的最主要的方法,单纯的记言如果不能发展成为叙事中人物的语言(对话与对白),成熟的史传叙事就不可能出现。"[1] 载录进文本的人物语言只有发展成为人物对话,才有可能提供更多的事件信息,突出人物与人物之间的矛盾,并一起推动事件的发展,"记言"才能进一步在叙事中发挥作用。所以作为下一环节前的铺垫,我们先要从整体把握文本概要,从事件发展中找到与核心人物的关联点,我们才能顺利进入对文本人物言行的具体分析与理解鉴赏。

【环节二】(细读)交流与概括——析人物

学习活动二:(拓展比较)对于历史上的同一事件,《史记》中又是如何记载的?

"三十年,穆公助晋文公围郑。郑使人言穆公曰:'亡郑厚晋,于晋而得矣,而秦未有利。晋之强,秦之忧也。'穆公乃罢兵归。晋亦罢。"[2]

"四十三年,晋文公与秦穆公共围郑,讨其助楚攻晋者,及文公过时之无礼也。……郑人患之,乃使人私于秦曰:'破郑益晋,非秦之利也。'秦兵罢。"[3]

点评:

从以上补充材料得出,《史记》中省略了烛之武出使前的内容,如出使前佚之狐之荐,郑伯之劝及烛之武面对秦王"说"退的内容,尤其省略烛之武人名(代之以"使人")。

学习活动三:请同学再读文本,重点关注文中烛之武出使前的内容,进一步探究烛之武为何愿去说秦伯。并且结合全文,试分析烛之武这一人物形象。(要求:全面地完整地描述。)

---

[1] 尹雪华.先秦两汉史传叙事作品研究[D].福州:福建师范大学,2007:84.
[2] 出自司马迁《史记·秦本纪》。
[3] 出自司马迁《史记·郑世家》。

参考：(核心) 智 勇 义 礼

从烛之武外交辞令、人物行为中看出"智勇"；

从烛之武出使动机中更看出他的"仁义"；

善于辞令、临危不乱、有理有据、有礼有节、挺身而出、深明大义、坚守礼义、大局为重、顾全大局、爱国忠君、怀才不遇、怨而不怒……

点评：

（1）从烛之武说理逻辑层次上看，先以退为进，放低姿态，使秦放下戒心；再从现实角度就攻郑一事，晓以利害；接着依据历史事实，点明晋国不讲诚信的恶劣本质，识破秦晋貌合神离的关系；最后揭示晋国贪婪扩张的野心，并揣测未来，警醒秦国。他立足现实，联系历史，揣测未来，层层推进，逻辑严密，善于分析利弊，善于利用矛盾，还善于揣摩心理。烛之武在策略和战略上进行了全面的考虑，《孙子兵法》说"上兵伐谋，其次伐交，其次伐兵""不战而屈人之兵，善之善者也"（谋攻篇）。其在说秦中充分体现了其"勇""智""义"等。

（2）从其说秦的语言措辞中，例如"秦、晋围郑，郑既知亡矣""秦、晋围郑"的顺序与文本开篇"晋侯、秦伯围郑"不一样，以示尊重，甚至是满足秦伯骄横的心理。同时，连用八个"君"，也是极力抬高秦伯的地位。通过处处为"君"考虑，进而赢得对方的信任。可见其"智"。

（3）整个游说过程中烛之武在态度上不卑不亢，有理有节，既保全郑国，又维护了郑国的形象，处处讲求"礼义"，符合"礼义"。

（4）烛之武临危受命、挺身而出，彰显的是士人的家国情怀，有一种"舍我其谁"的英雄底色，也契合当时的"礼义"。

（5）烛之武的"礼义"形象也是左丘明着力打造的重点，其光辉人格体现在二个方面如下：

其一，虽久居下僚，不被重用，但仍然坚守故土，没有选择"另谋高就"。我们可以从明代冯梦龙的《东周列国志》中读到烛之武的境遇：

"佚之狐曰：考城人也，姓烛名武，年过七十，事郑国为圉正，三世不迁官。乞主公加礼而遣之！"[1]

---

[1] 出自冯梦龙《东周列国志》。

当时郑伯召烛武入朝,见其须眉尽白,伛偻其身,蹒跚其步,左右无不含笑。烛之武在郑只是担任"圉正",即养训官,而且郑国先后换了三个"领导人",烛之武都没有升迁。从《烛之武退秦师》的文本中,我们能够领略到烛之武的卓越才能。而在士人可以流动寻求自己用武之地的时代,他完全可以"良禽择木而栖"。所以,具有卓越外交游说才能的烛之武完全可以抛弃郑国,选择美好的前程,但是他并没有这样做。为何?我们可以看到的是他并没有放弃"礼义",而其坚守的"礼义",其根本所在是展现了他忠诚于自己国家的义士担当。

其二,烛之武看重"礼义"也充分体现了他对国与家的一种坚守。文中郑文公始终立足于自身"利益"来考量问题,"吾不能早用子……今急而求子,是寡人之国也。然郑亡,子亦有不利焉。"说辞中既柔又刚,既有道歉又有威胁。实则,郑国的灭亡对于一个看马打杂的小官烛之武来说,并无大碍,长期不被重用的烛之武,完全可以不理会这番说辞。如果一定要深究其所说郑国之亡对其有"不利",可能就在于烛之武不能再祭祖上。按照《礼记·祭法》:"天子至士,皆有宗庙。"春秋时代,一个国家灭亡的根本标志就是社稷被倾覆,宗庙被毁灭,祭祀被斩绝。所谓"皮之不存,毛将焉附",郑国之亡的结果,将使得烛之武每年祭祖的香火仪式必然断绝,可能这就是对"子亦有不利焉"的诠释。

所以,很显然,在这样的一次政治博弈中,以坚守"礼义"为宗旨的烛之武必然是取胜的一方。

补充点:引导学生对人物表现之"大义"的思考。
(辞曰:"臣之壮也,犹不如人;今老矣,无能为也已。")

点评:
烛之武并没有因为年轻时个人的追求和自我期待未能实现,而对郑国国君怀恨在心,相反在郑国危亡之际舍命出使,以一己之力拯救了郑国。烛之武在那个属于他个人的光荣时刻,既实现了保存国家的宏大目标,也实现了他个人的价值,弥补了年轻时的缺憾,因此,他的义举就有了丰富的内涵。

设计说明：

这一环节的设计，旨在初读再读—品读细读—比较阅读的过程中，帮助同学全面分析文本主要人物，既能准确全面地理解人物，分析人物性格特点，也要求学生能进一步探讨理解人物身上所体现之"大义"。主要可以从两个方面思考：

一方面，作者对烛之武这一人物形象是有所寄托。无论从其名字还是从其种种言辞行为表现上，从烛之武身上，我们都可以看到一位集"仁义礼智"于一身的士人形象，充分看到其危言以存国之智，杀身以成仁之勇的高尚品行。塑造这一人物，应该说寄予了作者个人对儒家义士理想人格的赞美。

另一方面，对于"义利之辨"的探讨，这历来是中国思想史、哲学史的一个重要命题。烛之武退秦师，跌宕起伏的叙事中，彰显的是春秋时代的"义利"；烛之武的行为，是在唯"利"的现实政治中，书写令人敬佩的个体"义"举。子曰："君子喻于义，小人喻于利。"（《论语·里仁》）烛之武冒险游说秦君是对"君子喻于义"的生动诠释。这里的"义利"并非截然对立的，只是呈现了本末之别。

当然，人无完人，他也曾表达过些许个人不满，然而最关键也最值得肯定的是，他"怨而不怒"，深明大义，坚守礼义，这就使得他无愧于成为一个真正有担当的"儒家义士"，其身上充分体现中华文明之光。

【环节三】（再读）探究与思辨——品深蕴

四库全书，分经、史、子、集四部。分类及内容大致如下表。

表3-1 《四库全书》的分类及内容

经部	收录儒家"十三经"及相关著作	包括易类、书类、诗类、礼类、春秋类、孝经类、五经总义类、四书类、乐类、小学类等10个大类
史部	收录史书	包括正史类、编年类、纪事本末类、杂史类、别史类、诏令奏议类、传记类、史钞类、载记类、时令类、地理类、职官类、政书类、目录类、史评类等15个大类
子部	收录诸子百家著作和类书	包括儒家类、兵家类、法家类、农家类、医家类、天文算法类、术数类、艺术类、谱录类、杂家类、类书类、小说家类、释家类、道家类等14大类
集部	收录诗文词总集和专集等	包括楚辞、别集、总集、诗文评、词曲等5个大类

学习活动四：(学生讨论)一部儒家经典著作，为何通篇都在谈"利"，这是否与经典有矛盾呢？

《四库全书》将《左传》归入"经部"，有人对此产生疑惑。你怎么看？请谈谈你的认识和思考。（引发学生对"义利之辨"的深层思考。）

点评：

（1）从人物（烛之武）看作者，有所寄托。

烛之武面对郑伯怨而不怨，有所担当的"大义"；面对秦伯说退中的智慧勇敢，外交辞令的有礼有节……这些正是儒家义士的高尚表现。志士仁人，无求生以害仁，有杀身以成仁。（《论语》）左丘明将其塑造成一位集"仁义礼智"于一身的士人形象，危言以存国之智，杀身以成仁之勇，寄予了作者个人对儒家义士理想人格的赞美和褒扬。

（2）从作者看《左传》，代圣人立言。

《左传》为《春秋》作注，"叙事解经"。将《左传》归入"经部"，记史只是手段，代圣人立言是其最终目的。孔子称其"鲁君子"，说与之"同耻"（即价值观与其高度一致）。可见，作者借《左传》是要充分表达对儒家理想人格的精神追求。

设计说明：

这一环节的设计目的旨在品读细读的基础上，再次引导学生在更深层次探究作品的文化价值和时代意义。所谓"天下熙熙皆为利来，天下攘攘皆为利往"，我们从烛之武说秦中的"利"看，表面上都是为了"利益"，整个事件中秦穆公完全奔着"利"而来，追求的"利"完全属于"私心"；烛之武所追求的"利"是民族大义，是一种符合"礼义"的行为。前者是保家卫国，后者是侵略他国，两者本质是完全不同。我们再看烛之武出使前个人的"不利"，其背后深处还是看到了他对国与家的一种坚守，其重"义"可见一斑。

由"利"到"义"的深层探究，是为了更好地理解《左传》中的思想意义和文化价值。孔子的"义利观"具有代表性，反映了时代价值观。在弥漫着功利主义的春秋时代，烛之武以其对"利"的深刻洞察完成了利国利己的义举，为后世读者认识"义利之辨"提供了生动的样本。而我们在设疑思辨中，让学生能更深入地解读《左传》作为儒家经典,理解作品内部作者的寄予及价值取向。

课堂小结:

今天我们学习了《烛之武退秦师》,左丘明显然是通过塑造人物来呈现自己儒家思想立场与价值诉求,对人性复归"仁义"的呼唤。

在那个礼崩乐坏的时代,"礼"是社会价值观的最高诉求,是孔子的追求,以"道义"匡正乱世(司马迁语),是《春秋》的担当,更是《左传》为《春秋》作注的终极意义和文化自觉。《左传》为经典作注的历史文化价值与意义即在此。

【布置作业】

子曰:"君子喻于义,小人喻于利"。《左传》中记载:"君子动则思礼,行则思义,不为利回,不为义疚。"请再读《烛之武退秦师》一文,看看文中是否还有体现作者儒家精神追求的细节?谈谈你的理解和思考。

课上学习任务单

【学习目标】

通过分析烛之武人物形象,理解《左传》为经典作注的思想意义与文化价值。

【学习重难点】

重点:分析人物,把握人物形象。

难点:理解烛之武人物个性中所体现的儒家"义"士特点。

【环节一】梳理与表达

学习活动:请用最简洁的语言概括——烛之武"说退"秦师的内容。

【环节二】交流与概括

学习活动:请结合本文内容,分析烛之武人物形象。

(填空)烛之武是一个_____的士人形象。

【环节三】探究与思辨

学习活动:《四库全书》将《左传》归入"经部",有人对此产生疑惑。你怎么看?请谈谈你的认识和思考。

【布置作业】

子曰:"君子喻于义,小人喻于利"。《左传》中记载:"君子动则思礼,行则思义,不为利回,不为义疚。"请再读《烛之武退秦师》一文,看看文中是否还有体现作者儒家精神追求的细节?谈谈你的理解和思考。

【拓展链接】

1. 晋人、秦人围郑。

——《春秋》

2. 三十年,穆公助晋文公围郑。郑使人言穆公曰:"亡郑厚晋,于晋而得矣,而秦未有利。晋之强,秦之忧也。"穆公乃罢兵归。晋亦罢。

——《史记·秦本纪》

四十三年,晋文公与秦穆公共围郑,讨其助楚攻晋者,及文公过时之无礼也。……郑人患之,乃使人私于秦曰:"破郑益晋,非秦之利也。"秦兵罢。

——《史记·郑世家》

3. 佚之狐曰:"考城人也,姓烛名武,年过七十,事郑国为圉正,三世不迁官。乞主公加礼而遣之!"

> ……
> 　　郑伯遂召烛武入朝,见其须眉尽白,伛偻其身,蹒跚其步,左右无不含笑。烛武拜见郑伯,奏曰:"主公召老臣何事?"郑伯曰:"佚之狐言子舌辩过人,欲烦子说退秦师,寡人将与子共国。"烛武再拜辞曰:"臣学疏才拙,当少壮时,尚不能建立尺寸之功,况今老耄,筋力既竭,语言发喘,安能犯颜进说,动千乘之听乎?"郑伯曰:"子事郑三世,老不见用,孤之过也。今封子为亚卿,强为寡人一行。"佚之狐在旁赞言曰:"大丈夫老不遇时,委之于命。今君知先生而用之,先生不可再辞。"烛乃受命而出。
> 　　——《东周列国志》(明·冯梦龙)
>
> 　　4.《春秋》辨是非,故长于治人。是故《礼》以节人,《乐》以发和,《书》以道事,《诗》以达意,《易》以道化,《春秋》以道义。拨乱世反之正,莫近于《春秋》……故《春秋》者,礼义之大宗也。
> 　　——《史记·太史公自序》

【实践反思】

　　《烛之武退秦师》隶属于《普通高中教科书　语文　必修　下册》第一单元,本单元以"中华文明之光"为人文主题,"思辨性阅读与表达"为学习任务群板块。在"单元学习任务"中明确要求,"阅读史传作品,了解史实之后,还要进行深入思考,甚至质疑史书的记载。本单元所选的史传中有不少值得探究的问题。"例如,烛之武游说成功,除了辞令巧妙外,还有什么深层次的原因等。学习任务要求我们细读课文,探究以上问题,并写出自己的看法。由此,我们要看到教材中的这一学习任务,更侧重对于史传文学的思辨阅读。任务中提到的"深入思考"和"质疑问难",更要求我们在读的过程中透过现象看其本质,辨出疑点问真伪,进而才能有效表达自己的认识和思考。

　　语文课堂核心任务离不开读与写的活动展开,在读与写的任务驱动中,不断引导学生从初读到再读,再到细读、细品的理解深入,而写的表达方式也可以多样形式呈现,既可以概括型表达,也可以探究型发表观点等。本节课的设计也正是围绕单元学习任务展开"读"与"写"活动设计,基于对文本主要人物的言行展开阅读思考,主要环节落实在对人物形象的分析阐释,解决的学习难点在于让学生在读史过程中,逐步能理解史传文学中人物深处的理想人格映照,且能通过读史拓展文化视野,增强文化自觉,形成辩证思维,获得思维发展与提升学科素养。

首先,从主要教学环节设置来说,集中于对烛之武的言与行的理解分析,以引导学生全面鉴赏这一人物形象。教学中启发学生反复阅读与人物相关的语言:依据人物言语表达的情感色彩,探究人物心理;依据人物言语之语序表达特点,分析人物特殊环境中心理;关注语气词,进而走近人物内心,体察人物的心理变化。

其次,从整节课的梯度设计上看,教学的起点由事发端,接着由事及人,再由人、事及史,最终深入史学与文学、史实与文化、历史与当下的重重关系思考。主要从以下三个方面的内容展开:①事件的发生与主要人物的联系;②以主要人物的言行为依据全面分析人物形象;③从作者塑造人物有所寄寓来探究作品文化价值。

最后,教学中提供学习支架,即在每个"读"的任务中都适时补充相关的拓展资料,带领学生在读这一文本的过程中不断走向文本内部更深处追溯,同时又适时地与链接材料进行群文阅读,"跳"脱文本走向联读,从更多的相关史料中探究循证,找到有意义的信息。而通过这样的多材料的群文阅读,使得学生的读更有目的,更在读的学习行为中活跃思维,读的学习过程中激发交流讨论,思维不断碰撞出智慧的火花,探寻作者在记史类文学作品中的理性表达,同时带动学生在"读"与"写"的融合发展中走向高阶思维的层级。

"双新"背景下的语文教学在"读"与"写"的融合推进中,更能实现对文本的时代价值和文化意义的深刻理解。如果我们的教学仅仅是回到某一时代,仅仅是教会学生去解读某文、某篇、某人,那么,我们不仅忽略了经典之作何以传世的终极意义,也终究是偏离了史传文学学习的本质。历史文本如何实现其在现代文明中的密码转换与积极传承,如何更好地让学生在读与思,读与写,读与悟的过程中,热爱传统文化进而更加热爱我们这个伟大的时代,这就是我们学习本课的目的所在。

核心问题驱动下的读写融合实践
——《鸿门宴》

　　《鸿门宴》隶属于《普通高中教科书　语文　必修　下册》第一单元,本单元以"中华文明之光"为人文主题,"思辨性阅读与表达"为学习任务群板块。本课主要围绕单元学习任务要求展开设计,侧重引导学生结合文本选择恰当的论据完成写作提升,实现读写融合。整节课以读写融合的写作讲评为主,因事见人,因文立言,在读与写的任务驱动中带领学生不断深入文本,评点习作,补过拾遗,完成修改。在读与写的循环中,还原时代背景,探讨项羽行为的内在逻辑,体会司马迁的创作意图和史学思想,增进对中华文化的认识和理解。

【教学设想】

　　经过高一第一学期的训练,学生已具备一定的阅读分析能力和论述表达能力,但在原因探究的思考与议论语段的写作过程中还是容易观点含糊,牵强附会,需要练习与引导。

　　学生在之前的课时中已经完成文本的字词梳理,对文章内容和人物形象有基本了解,但经典文本所属的历史语境与学生的日常生活距离较远,对学生而言,深入把握文本内涵比较困难。

　　因此,本节课在疏通文意的基础上,将结合单元学习任务"如何阐述自己的观点",引导学生细读文本,在把握人物形象的基础上,针对论据与论点的关系进行写作,通过合作学习,帮助学生有逻辑地表达和阐发自己的观点。

【设计呈现】
一、课前准备
学习活动一：明察秋毫，因事见人
请同学们通读全文，完成下列表格。

人物	人物性格	文本依据
项羽		

学习活动二：意在笔先，因文立言

项羽出身贵族，才能卓绝，本是"天选之子"，最终却在乌江边发出"天之亡我"的感叹，他的悲剧结局引发了历代读书人的大讨论。请结合《鸿门宴》的内容和下面的写作支架，对司马迁的观点进行评析。

项籍鹰扬六合晨，鸿门开宴贺亡秦。樽前若取谋臣计，岂作阴陵失路人。
——唐·胡曾《鸿门》

观夫高祖之所以胜、项籍之所以败者，在能忍与不能忍之间而已矣。项籍唯不能忍，是以百战百胜，而轻用其锋；高祖忍之，养其全锋而待其敝，此子房教之也。
——宋·苏轼《留侯论》

世谓羽与汉争天下，非也。羽何尝有争天下之志哉？羽见秦灭诸侯兼而有之，故欲灭秦复立诸侯如曩时，而身为盟主尔。
——清·黄震《读史·项羽纪》

项羽选择的根据地是"王梁楚地九郡，都彭城"。其中梁地的砀郡在今豫东商丘地区,春秋与战国前期属宋,土地贫瘠,物产匮乏。萧何能转漕关中,给食不乏,项羽的立国基础却是相当薄弱的。

——宋杰(《从地理角度分析项羽失败的战略原因》)

对于项羽在鸿门宴上未采纳谋士范增的建议而放走刘邦,后来者多加以负面评论。从帝王个人角度看,项羽不能痛下杀手,确属失策,然而考虑当时社会与民众的道德标准,则项羽此举是遵守了战国以来的普遍共识。不杀功臣、履行承诺,应该是战将出身的旧贵族项羽处理生死利益纠纷时的基本准则。

——蒋菲菲(《最后的武士贵族楚霸王》)

要求:
理解正确,观点明确。
细读文本,选择合适的论据,论证充分。
字数200字左右。

二、教学过程

导入:

在第一课时中,我们已经完成了字词梳理。在第二课时中,我们针对登场的八位人物,梳理了人物形象。本节课是一节读写融合的写作讲评课。在课前预习作业中,大家围绕"项羽为何失败"这一主题完成了论述语段的写作。本节课我们将探讨大家写作过程中"论点与论据不匹配"的问题,一起来尝试修改完善。

【环节一】摘瑕指瑜,择其善者

【习作一】

客观上,项羽没能得到多少"天时",鸿门宴的机会也被他浪费了。他选择的根据地是土地、物资贫瘠的地方,可谓失去了"地利",为其处境雪上加霜。

主观上,项羽和刘邦志向不同。对项羽而言,推翻秦王朝是他毕生的愿望,也是唯一的祈愿。说到底,他只是为了推翻秦王朝而去推翻的,毫无内涵可谈。而出身草根的刘邦才是真正谋求天下的志士。

小结：为论点寻找合适的论据。

学习活动一：请结合课文《鸿门宴》，从"人和"角度补充完善分论点的论证过程。

设计说明：

以习作评析为载体，引导学生关注论据选取的准确性和典型性，提升论证的说服力。通过"天时、地利、人和"的分析框架，培养学生多维度思考历史问题的能力，通过补充"人和"角度的论证过程，训练写作表达能力的同时，再次对文本进行细读，加深对文本及其中人物性格塑造的认识。

【环节二】合作学习，匡其不逮

【习作二】

项羽失败的原因在于他自命不凡的傲骨，如苏轼所说："不能忍"。项羽听说刘邦攻入关中便怒不可遏，听了刘邦的谢罪后得到了极大的自尊心和满足。自大的项羽根本没把默默发展的刘邦放在眼里，于是因为刘邦的几句示弱，便听信了他有功，不仅不理睬谋臣的建议杀他，还默许他逃跑回去。虽然不杀功臣是社会的道德标准，但作为帝王，如此不听劝只会让帮助他的谋士越来越少。项羽固执于自己的身份，最终导致了他的失败。

小结：让论据与观点更加契合。

学习活动二：请同学们结合《鸿门宴》文本，按照《习作二》的思路为其修改升格。

参考修改：

项羽失败的原因在于他自命不凡的性格。

一方面，项羽拥兵自傲。项羽兵四十万，沛公兵十万，可知项、刘双方实力悬殊。且当时项羽在巨鹿之战得胜不久，军中士气正盛，刘邦却寂寂无名。项羽的自大使他忽视了刘邦的潜在威胁，错失时机。

另一方面，项羽爱护"面子"。作为楚国旧贵族的代表，项羽自视甚高，有遵守社会道德，维护政治形象的需要。秦汉时人尚"义"，"季布一诺"享誉民间,因此他不罪项伯,却供出曹无伤;两怒刘邦,却只争表面,皆是出于义行天下的时代要求。

设计说明:

通过修改习作,展示论据与论点契合的具体方法,引导学生选择合适的论据,在具体的写作实践中培养表达能力。同时,通过范例展示,引导学生关注人物性格特征与行为选择的内在联系,结合时代背景,把人物放回到历史场景中去分析人物行为。

【环节三】评点习作,补过拾遗
【习作三】

与刘邦不同,项羽作为旧贵族武将,骨子里透着对于义与信的高标准。他在鸿门宴并非听从范增的建议杀死刘邦,是因为项伯谏言:刘邦攻入关中有功,攻打他是不仁义的。因此,当刘邦假意称臣时,项羽即对其言信以为真,殊不知市井流氓出身的刘邦如此善于伪装野心。项羽与生俱来的贵族血脉不允许他不光明正大,于是不采纳暗杀谏言,只是"轻用其锋"。因此,他在善于权谋,甚至无所不用其极的刘邦面前自然处于劣势。

小结: 用论证加强论点与论据关联。

学习活动三: 请同学们结合《鸿门宴》文本,为《习作三》补充论证。

设计说明:

通过修改习作,引导学生用论证加强论点与论据关联,培养学生运用多层次论证方法,有逻辑地表达观点。同时,通过分析项羽的贵族身份与行为选择的关系,深化对人物形象的理解。

课堂小结:

从三篇习作的分析过程中,我们发现,归因分析不仅可以由人物的性格论出发,还要注意还原时代背景,探讨人物行为的内在逻辑。同时,读写融合不仅需要内容的思想性,还需要工具性的技巧。我们要为论点寻找合适的论据,让论据与论点更加契合,用论证加强论点与论据关联,这样才能有逻辑地把自己的观点表达出来。

学习活动四：思辨与表达

试结合所学,评析观点:

太史公曰:……及羽背关怀楚,放逐义帝而自立,怨王侯叛己,难矣。自矜功伐,奋其私智而不师古,谓霸王之业,欲以力征经营天下,五年卒亡其国,身死东城,尚不觉寤而不自责,过矣。乃引"天亡我,非用兵之罪也",岂不谬哉! 《史记·项羽本纪》

设计说明:

引入《史记》作者司马迁的解读,进一步引导学生理解司马迁的史学思想和创作意图,培养学生的思辨能力,加深对中华传统文化的认识和理解。

【布置作业】

根据本节课所学,修改升格自己的论述语段。

课前学习任务单

【预习思考】意在笔先,因文立言

项羽出身贵族,才能卓绝,本是"天选之子",最终却在乌江边发出"天之亡我"的感叹,他的悲剧结局引发了历代读书人的大讨论。请结合《鸿门宴》的内容和下面的材料,评析项羽失败的原因。

项籍鹰扬六合晨。鸿门开宴贺亡秦。樽前若取谋臣计,岂作阴陵失路人。
——唐·胡曾《鸿门》

观夫高祖之所以胜、项籍之所以败者,在能忍与不能忍之间而已矣。项籍唯不能忍,是以百战百胜,而轻用其锋;高祖忍之,养其全锋而待其敝,此子房教之也。
——宋·苏轼《留侯论》

世谓羽与汉争天下,非也。羽何尝有争天下之志哉?羽见秦灭诸侯而兼有之,故欲灭秦复立诸侯如曩时,而身为盟主尔。
——清·黄震《读史·项羽纪》

项羽选择的根据地是"王梁楚地九郡,都彭城"。其中梁地的砀郡在今豫东商丘地区,春秋与战国前期属宋,土地贫瘠,物产匮乏。萧何能转漕关中,给食不乏,项羽的立国基础却是相当薄弱的。
——宋杰《从地理角度分析项羽失败的战略原因》

对于项羽在鸿门宴上未采纳谋士范增的建议而放走刘邦,后来者多加以负面评论。从帝王个人角度看,项羽不能痛下杀手,确属失策,然而考虑当时社会与民众的道德标准,则项羽此举是遵守了战国以来的普遍共识。不杀功臣、履行承诺,应该是战将出身的旧贵族项羽处理生死利益纠纷时的基本准则。

——蒋菲菲《最后的武士贵族楚霸王》

要求:
理解正确,观点明确。
细读文本,选择合适的论据,论证充分。
字数在 200 字左右。

课上学习任务单

【学习目标】
(1)能够在文本语境中把握刘项阵营主要人物的形象,结合文本从多角度思考问题。
(2)能够在合作学习中把握论点与论据的关系,选取恰当的论据,有逻辑地阐述观点。

【学习重难点】
重点:在合作学习中把握论点与论据的关系,有逻辑地阐述观点。
难点:深入分析文本,结合文本选择恰当的论据完成写作提升,实现读写融合。

学习活动一:摘瑕指瑜,择其善者
【习作一】   【批注栏】
客观上,项羽没能得到多少"天时",鸿门宴的机会也被他浪费了。他选择的根据地是土地、物资贫瘠的地方,可谓失去了"地利",为其处境雪上加霜。

主观上,项羽和刘邦志向不同。对项羽而言,推翻秦王朝是他毕生的愿望,也是唯一的祈愿。说到底,他只是为了推翻秦王朝而去推翻的,毫无内涵可谈。而出身草根的刘邦才是真正谋求天下的志士。
　　我的修改:

学习活动二:合作学习,匡其不逮
【习作二】
　　项羽失败的原因在于他自命不凡的傲骨,如苏轼所说:"不能忍"。项羽听说刘邦攻入关中便怒不可遏,听了刘邦的谢罪后得到了极大的自尊心满足。自大的项羽根本没把默默发展的刘邦放在眼里,于是因为刘邦的几句示弱,便听信了他有功,不仅不理睬谋臣的建议杀他,还默许他逃跑回去。虽然不杀功臣是社会的道德标准,但作为帝王,如此不听劝只会让帮助他的谋士越来越少。项羽固执于自己的身份,最终导致了他的失败。
　　我的修改:

学习活动三:评点习作,补过拾遗
【习作三】
　　与刘邦不同,项羽作为旧贵族武将,骨子里透着对于义与信的高标准。他在鸿门宴并非听从范增的建议杀死刘邦,是因为项伯谏言:刘邦攻入关中有功,攻打他是不仁义的。因此,当刘邦假意称臣时,项羽即对其言信以为真,殊不知市井流氓出身的刘邦如此善于伪装野心。项羽与生俱来的贵族血脉不允许他不光明正大,于是不采纳暗杀谏言,只是"轻用其锋"。因此,他在善于权谋,甚至无所不用其极的刘邦面前自然处于劣势。

我的修改：

【思考】

司马迁本人对于项羽失败的原因有过如下总结：

太史公曰：……及羽背关怀楚，放逐义帝而自立，怨王侯叛己，难矣。自矜功伐，奋其私智而不师古，谓霸王之业，欲以力征经营天下，五年卒亡其国，身死东城，尚不觉寤而不自责，过矣。乃引"天亡我，非用兵之罪也"，岂不谬哉！

请结合《鸿门宴》与课堂所学，对司马迁的观点进行评析。

【布置作业】

结合本课所学，升格自己所写的论述段落。

【评价量表】

论述语段发展性评价量表

评价维度	评价指标（分值）	等第
论点与论据	观点是否鲜明（10）	
	观点是否深刻（10）	
	论据选择是否合适、有针对性（10）	
	论据分析是否充分、有说服力（10）	
论证与结构	思维是否具有审辨性、多维性考虑（20）	
	论证过程是否层次清晰、有逻辑（20）	
语言与表达	语言是否清晰流畅（10）	
	表述是否客观严谨（10）	
备注：每点10分，8~10分为A等第，5~7分为B等第，2~4分为C等第，0~1分为D等第		

【实践反思】

本节课是《鸿门宴》的第三课时，是一节基于学生习作的读写融合的教学实践。我们通过开放性写作情境的设置引导学生在完成任务的过程中学会有逻辑地阐述自己的观点。

在课前任务中，我们首先通过填表的形式要求学生通读全文，把握人物性格。为了完成表格，他们必须回溯文本，找出依据，"明察秋毫，因事见人"。随后，我们提供了一个写作情境：项羽的悲剧结局引发了历代读书人的大讨论，你认为项羽为何失败？这一情境要求学生自主探究项羽失败的原因，并完成议论语段的写作。这一读写"活动"既是开放性的，又体现学科认知。就"读"而言，引导学生对单元文本内容、思想进行思辨性探究与讨论，就"写"而言，要求学生学习如何阐释自己的观点，掌握写作技能。

我们提供一系列不同时代的学者对项羽失败原因的探讨作为写作支架，学生在进行表达的过程中既要再次深入课文文本，又可以通过写作支架获得内容和写作上的参考。阅读内容不仅仅是写作的话题，也具有技能上的指导作用，将语文教学的人文性与工具性双向贯通，有机融合在读写之中。

读与写是一个彼此循环、螺旋上升的过程，因此，课堂教学仍基于"项羽为何失败"这一话题，针对学生习作中出现的问题，当堂进行点评和修改提升。在贴近真实的语文生活实践中，引导学生通过在具体的语言实践中提升语言的建构和运用能力。

议论文写作要求学生处理好论点与论据的关系，基于学情，学生在进行逻辑表达时会出现的三个典型问题：论据不匹配论点；论据能匹配论点，但不够准确；论据准确但未能通过论述语言的组织使其支撑论点。

围绕这三个问题设置了三个层次的课堂教学活动。活动一由教师带领学生修改习作，明确了原因，探究首先从性格论的分析视角入手，引导学生在学会分析人物性格，把握人物形象的基础上进行写作。活动二由教师与学生合作进行修改，并提供教师的同步修改稿。通过对习作的评析，帮助学生由浅入深，由《史记》文本内容走向文本背后更广阔的的历史语境。由此，引导学生拓展视野，深化思维，总结发现在人物分析时，应将人物放回到历史语境中去，多角度地思考问题：对人物悲剧命运的原因探究可由性格论这一内因入手,再逐步纳入成长环境、时代背景等外因,从而提升学生多维度辩证思考的能力。其中,阅读部分的分析方法就是学生写作时候的分析路径,其在阅读中得到的不仅是写作话题,可资取用的不仅是写作素材,还有思维方式。活动三由学生主导修改,当堂生成,并通过评价表进行自评与互评。

　　课堂的主线为三篇习作评析,在评析的过程中,学生写作的内容必然涉及作品的思想性,同时,他们的表达能力又涉及写作技巧的工具性。本课虽然侧重于工具性,但通过写作情境的设置兼顾了教学的人文性。在小结之后,本课设置思辨与表达环节,引入司马迁本人对项羽失败原因的点评分析,引导学生在完成一次写作生成的基础上再次反思,课后再次回归到《史记》的文本阅读中。一方面,司马迁否定了天命论,强调仁政,那么,他在《史记》中又有何寄托呢?由此,引导学生体会经典作品中文人的责任与情怀,体会中华文明之光。另一方面,也启发学生针对现实进一步思考:今天我们为什么要重谈项羽失败的问题?由此,引导学生结合现实,深入思考。

　　本节课中,学生所完成的写作表达必然建立在深入的文本细读基础上,而逐步深入的阅读也将帮助他完成更高质量的写作。

思辨阅读　理性表达
——《六国论》

本文以苏洵《六国论》为例，探讨如何在高中语文教学中开展思辨性阅读与理性表达的教学。笔者围绕"阅读　理性表达"主题，设计了一次史论文考据专题沙龙的教学活动。教学设计分为三个主要环节：初读文本，通过思维导图梳理文章论证结构；细读文本，结合史实材料进行质疑问难；阅读思辨，完成短论写作。本课创设真实学习情境，激发学生思考；注重"读写"能力的融合发展，培养学生的批判性思维，引导学生辩证认识文本，理解作者的写作意图和时代背景。教学目标指向提升学生的思维品质；培养理性表达能力；加深对传统文化的理解；实现语文学科核心素养的培育。

【教学设想】

《六国论》属于必修下册第八单元，"思辨性阅读与表达"学习任务群。

针对教材单元学习要求而言，本单元学习需要围绕"倾听理性的声音"这一核心任务展开，既要领会作者观点极具现实针对性，把握解决现实问题的理性思维方式，还要学会辩证分析、合理推断、大胆质疑、缜密思维。因此，设计思路需要打通单篇和单元之间的联系，并且以"单元学习任务"为引领，在深入阅读课文的基础上，引导学生融会贯通，理性表达自己的观点，学会有理有据地论证观点。

针对课标"学习任务群"，新课标将"思维发展与提升"作为学科核心素养的重要内容，并将"思辨性阅读与表达"作为必修学习任务群之一，明确提出发展学生的"辨证思维和批判性思维""培养思维的逻辑性"。由此，史论文思辨性阅读设计要考虑到史论文本的细读,也要引导学生在掌握核心史论观点的基础上,提出深刻而有见地的质疑,循疑溯源,探疑究本,思辨文中观点的合理性,并从作者立场理解说理的逻辑及情感表达,目标指向深入文本的理解及超越文本表达的思维过程的培养。

针对高一第二学期的学情,学生在"学习之道"和"中华文明之光"的单元学习之中已经积累了古汉语文字知识,能够在一定程度上准确把握文言文语义。在学习苏洵的《六国论》时,学生既要对文章读通读顺,更要能联系背景、文化,理解字句背后深刻的含义,通过讨论,把握观点是什么,又是如何论述的。本课学习的更高目标可指向在比较阅读中倾听理性声音的表达。

【设计呈现】

导入:

"覆压三百余里"的阿房宫,因为"楚人一炬"而灰飞烟灭,杜牧在反思;鼓角争鸣、刀光剑影,地偏一隅的秦国吞并山东六国成了最后的赢家,苏洵也在反思。今天我们这节课就开展一次史论文的考据专题沙龙,一起走进苏洵的《六国论》,看看他是如何看待这段史实,他又是如何论证自己的观点的?

【学习情境】

六国为秦所灭的历史历来深受关注,探讨六国灭亡的教训的文章也很多,苏洵认为"弊在赂秦"。作为一篇史论,就作者的观点和论述的合理性、不合理性展开讨论,辩证地认识作品的观点和表达。

设计说明:

文章的写作基于不同的目的,观点表达有一定的目的性,以为我所用。本课属于"思辨性阅读与表达"学习任务群,单元学习任务目标指向思辨阅读,理性表达,在教学中需要引导学生能辩证分析作品的观点与表达,并进一步积极思考,形成自己的主见,摆脱人云亦云的窠臼,提高自我的思辨能力。所以,设置特定的学习场域,即开展一次史论文的考据专题讨论,激发学生深入思考,整理提炼各自的观点。同时,写作任务指向学生的理性表达,就作品的观点和论述过程形成自己的理解,最终归纳形成一篇短论。

【环节一】初读文本，梳理结构

学习活动一：初读课文，用思维导图的方式梳理本文的论证结构。

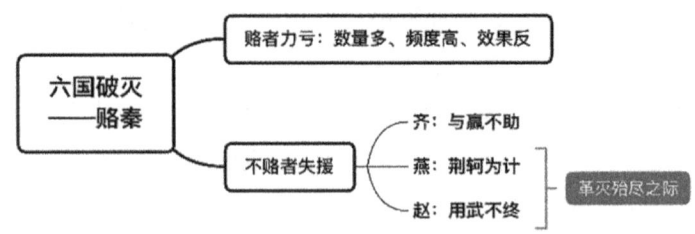

设计说明：

开展讨论的第一步需要整体理解作者的写作思路。本环节解决两个主要问题：其一、苏洵认为"六国破灭"的原因是什么？其二、苏洵认为六国有没有可以自我保全的方法？对于第一个问题，学生很容易找到"弊在赂秦"，进而明白从"赂者"和"不赂者"两个角度进行论证，"赂者"韩魏楚因"力亏"而亡，"不赂者"齐燕赵因"失援"而亡。对于第二个问题，苏洵认为六国保全方法是"封地谋臣"、"礼事奇才"、"并力西向"，即从物质、精神两方面重视人才，以六国联合兵力对抗秦国。至此，全文的论证结构清晰，论述严谨，在建构思维导图的可视化学习过程中，形成读与写的学习反馈。

【环节二】细读文本，质疑问难

学习活动二：考据沙龙上，小明同学提出疑惑，因为他在图书馆查到以下材料：

"韩魏楚三国与秦接地，赵稍远，而燕齐尤远，以兵力较之皆弱于秦，迨合纵之约既散，而秦挟远交近攻之策，肆其蚕食，则地之远近而祸之迟速分焉。……后赂者先亡，而不赂者后灭，本以地之远近递及，非以赂不赂故分先后，亦自然之势也。"[1]

即燕赵后亡的主要原因是秦在战略上实施"远交近攻"的原则，并不是"义不赂秦"的结果。对此，你怎么看？你是否还有类似的困惑？请结合四则补充材料，填写下表3-3。

---

[1] 出自林云铭《古文析义》卷七。

表3-3 《六国论》苏洵

材料	主要内容	我的困惑	我的理解
一	六国贿赂土地与战败丢失土地的史实对比		
二	战国地图以及各国灭亡顺序		
三	秦赵交战的史实		
四	六国联军和秦军作战的史实		

(参考):

材料一,文章中"其实百倍"的说法乃是文人故作"惊奇之语",与事实不符。

材料二,燕赵后亡的主要原因是秦国"远交近攻"的战略,并非"义不赂秦"的结果。

材料三,所谓"用武之不终",更确切的说法可能是"用人之不终"。

材料四,"并力西向"的结果依然是六国失败,并不能使六国自存。

设计说明:

本环节设置要求学生能再读、细读、深读,并在教师补充相关图文史实材料基础上,质疑问难,引发思考。《六国论》"赂秦"这一观点不是很可靠,六国灭亡的论据、苏洵给出的解决方法也不是很可靠,这篇貌似论述严密的文章可以说存在刻意"歪曲"使用相关史实证据。比较、研读的过程中,需要引导学生从一个陌生的角度重新审视文本,进而激发学生的阅读兴趣。用填表的方式记录"我的困惑"与"我的理解",是用文字输出的方式记录阅读的直观感受,"写"伴随着"读"的整个过程,又在第一环节着重梳理概括的"读写"能力上,进一步侧重提升思维品质,使得"读写"逐步进阶、融合发展。

【环节三】研读思辨,理性表达

学习活动三: 各抒己见,畅所欲言,以《我看苏洵〈六国论〉》为题,完成一篇短论。

（参考）：

角度 1：知人论世，了解历史背景

苏洵强调作文主要目的"言当世之要"，并"施之于今"；主张文章应该"有为而作""言必中当世之过"。北宋王朝因其建立的特殊性，所以统治者重用文官、轻用武将，采用"虚外实内"的政策，削减边疆的兵力，调集重兵驻守京城，从而导致边关军事实力的虚空。历史上宋太宗发起的著名"雍熙北伐"（公元986年），目的就是要从辽的手里收复幽云十六州，结果以宋军的全面失利而告终。自此，北宋对辽就心存畏惧，战略也随之改变，由主动进攻转为被动防御。而对北宋乃至历史影响深远的是宋真宗景德元年（公元1004年）达成的"澶渊之盟"，宋辽签订的协议其中包含一项：

"宋每年向辽提供'助军旅之费'银十万两，绢二十万匹。此协议开了很不好的先河，北宋从此踏上了输币纳绢、割地求和的屈辱之路。此后辽又多次向北宋贪婪索取土地，比如宋仁宗庆历二年（公元1042年），辽乘北宋同西夏交战之机，向北宋勒索土地。北宋增给辽岁币银10万两，绢10万匹。……"

可见，苏洵所用材料皆为事实。但是，所写"事实"与历史事实之间的关系，是被选择的事实，另一些事实被苏洵有意无意地隐去了。可以认为，苏洵所选的事实乃是基于他的写作立场，或者说写作目的。

角度 2：借题发挥，实为讽谏而立论

明代何景明说："老泉论六国赂秦，其实借论宋赂契丹之事，而卒以此亡，可谓深谋先见之识矣。"[1] 这一评价切中肯綮，并明确指出苏洵《六国论》的与众不同：并非就事论事地评价六国灭亡的原因，而是有目的地借题发挥。更为重要的是，苏洵有着先见之明，北宋后来就是因此而亡国的，此篇政论文有着惊人的示警作用。

另外，《六国论》出自《嘉佑集·权书》，该卷都是以历史和政治为评论对象的。作为一篇讽谏时事的政论文，《六国论》其实有着明确的交际对象和交际目的，不能观点鲜明地批评执政者的懦弱政策，那只能采取迂回的策

---

[1] 出自徐乾学《古文渊鉴正集》。

略,从历史中去挖掘素材,借古讽今,这是苏洵的高明之处,也是本文超越其子苏轼、苏辙两篇同题文之处。出于写作目的需要,苏洵对六国灭亡的原因做了艺术上的处理,屏蔽了主要原因,放大、强化了六国中部分诸侯国"赂秦"的做法,特意"以偏概全",将"赂秦"上升为亡国的主因、内因,从而影射当朝执政者:输币纳贡割地求和并非上策,长此以往,终将步六国之后尘。他从交际的对象和目的出发,大胆地"重塑"六国灭亡原因,有着很强的现实可比性、针对性和劝谏性,起到了不落窠臼、令人耳目一新的效果。

角度3:立足现实,将主观情感与文气交融

《六国论》自始至终贯穿着作者的主观情感和强烈忧患意识,可谓是一篇情理交融的政论文。开篇斩钉截铁提出中心论点,第一段结尾处对论点加以强调,作者以沉痛的情感恳切提出自己的见解,尤其是论敌意识的树立,在一定程度上能让读者悦纳自己的立论,起到了让读者与作者产生共情的作用。

(1)第二段中虽有叙述性的语句:"思厥先祖父,暴霜露,斩荆棘,以有尺寸之地。子孙视之不甚惜,举以予人,如弃草芥。今日割五城,明日割十城,然后得一夕安寝。起视四境,而秦兵又至矣。"但这些叙述性的句子生动形象,饱含着作者的痛惜之情和愤怒之意。

(2)还有一些明显体现情感的字眼,如第三段中的"惜",第四段中的"呜呼""悲夫""恐"等等。这些情感字眼汇聚成一条情感之溪,让读者能体会到作者的焦灼、义愤和拳拳爱国之心,并时时激荡着读者的心。

(3)综合运用引用、对比、比喻、假设等论证手法,使得文章纵横捭阖,气势雄浑,具有说服力;

(4)在句式的选择上也很讲究,句式灵活多变,多用四字句,读起来气势贯通,铿锵有力,富有节奏感。

文章字里行间包含着一位文人士大夫强烈的忧患意识,对时政的深切关注使得其思人之所未思、言人之所未言。正是出于对国运民生的关切,使得苏洵目光犀利、思想深邃,站得高并看得远。这种忧患意识是中国古代人文士大夫的优良传统,苏洵将这种意识融于文字之中,《六国论》得到时人及后世的高度认同,就在情理之中了。

课堂小结：

今天的沙龙讨论，质疑问难，畅所欲言。我们联系历史背景，探究六国破灭的原因，对本文有了更深入的理解和认识。有些证据未必符合事实，但从目的性的角度看，其观点针对现实，有以史为鉴的一面。因此，史论的思辨性阅读要实现与文本对话，理解作者的说理、逻辑和情感，经典背后有其隐藏的独特的审美文化，需要我们辩证认识作品的观点和表达。

名篇历史性

把握历史语境语境 ◆ 理解隐藏的审美文化

经典流传性

设计说明：

古典名篇因其诞生的历史性和流传的经典性，非常适合进行思辨阅读，而对于成功的古典名篇，最主要的就是要把握好与历史语境的距离，引导学生自我发现，使之既能思接千载，连线古代，又能神游八荒，立足当下，真正让古代名篇的营养进入今天的生活。

举办考据沙龙的目的在于培养学生思维的全面性、深刻性和创新性，这虽然不是语文学科的独当之任，但指导学生在"读"与"写"的过程中辩证地认识文本，努力做到言之有物、言之有序、言之有理，使自己成为一个理性表达的现代社会的合格公民，有其积极的作用与价值，在"读"与"写"不断进阶的提升发展中促进学生核心素养的培育和实现。

【布置作业】

课后请大家阅读贾谊《过秦论》、苏辙《六国论》、李桢《六国论》，结合本课提供的学习支架材料，再思考这些文章在确立观点、展开分析、谋篇布局上面有哪些相似、相异的地方？围绕文章观点和论述的合理性和不合理性，辩证认识文本，完成一篇读书札记。

课上学习任务单

【学习目标】

理清思路,客观分析论述过程及论据,辩证思考作者的观点,领会古代士人家国天下的情怀,形成正确的价值观。

【学习重点、难点】

重点:掌握史论的写法特点,把握解决现实问题的理性思维方式。

难点:探究文章论证的合理性,理解文章的现实针对性,养成良好的批判性思维习惯。

【课前准备】

1. 初读课文,疏通文字,积累重要字词用法及意义。

2. 推荐相关阅读:贾谊《过秦论》、苏辙《六国论》、李桢《六国论》等。

【环节一】初读文本,梳理结构

学习活动一:初读课文,用思维导图的方式梳理本文的论证结构。

【环节二】细读文本,质疑问难

学习活动二:考据沙龙上,小明同学提出疑惑,因为他在图书馆查到以下材料:

韩魏楚三国与秦接地,赵稍远,而燕齐尤远,以兵力较之皆弱于秦,迨合纵之约既散,而秦挟远交近攻之策,肆其蚕食,则地之远近而祸之迟速分焉。……后赂者先亡,而不赂者后灭,本以地之远近递及,非以赂不赂故分先后,亦自然之势也。 （清·林云铭《古文析义》卷七）

结合四则补充材料,写下表:

《六国论》苏洵

材料	内容	我的困惑	我的理解
一	六国贿赂土地与战败丢失土地的史实对比		
二	战国地图以及各国灭亡顺序		
三	秦赵交战的史实		
四	六国联军和秦军作战的史实		

【补充材料】

材料一 六国贿赂土地与战败丢失土地的史实对比。

六国割地事实	六国战败事实
前290年韩割武遂予秦。 前275年魏割温予秦。 前280年楚割汉北及上庸予秦。 前273年魏割南阳予秦。	前293年白起将兵,败魏师、韩师于伊阙,斩首二十四万人,虏公孙喜,拔五城。 前289年秦伐魏,至轵,取城大小六十一。 前285年秦蒙武击齐,拔九城。 前278年秦拔郢,烧夷陵。 前276年秦武安君伐魏,拔两城。 前248年蒙骜伐赵,定太原,取榆次、狼孟等三十七城。 前247年秦将王龁攻上党诸城,悉拔之,初置太原郡。 前244年蒙骜伐韩,取十二城。 ……

材料二 战国地图以及各国灭亡顺序。

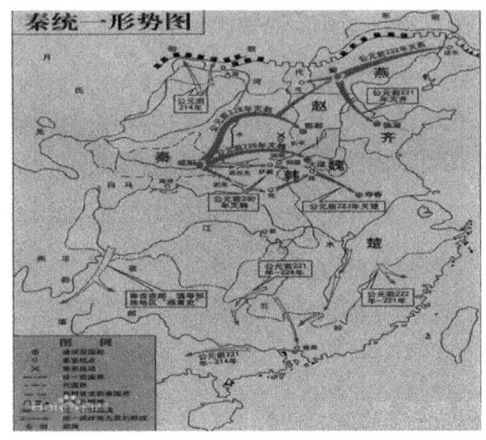

顺序依次是韩、赵、魏、楚、燕、齐。

灭韩是前230年。

灭赵是前229年至前228年。

灭魏是前225年。

灭楚是前226年至前223年。

灭燕是前226年至前222年。

灭齐是前221年。

材料三 秦赵交战的史实

时间	赵将	秦将	结果
前270年	赵奢		赵胜
前260年	赵括	白起	赵败
前257年	魏公子救赵		赵胜
前230年	扈辄	恒齮	赵败
同年10月	李牧	恒齮	赵胜

材料四 六国联军和秦军作战的史实

"前241年,楚、赵、魏、韩、卫合纵以伐秦,楚王为纵长,春申君用事,取寿陵。至函谷关,秦师出,五国之师皆败走。

合纵缔交,相与为一,以十倍之地,百万之众,叩关而攻秦……秦人开关延敌,九国之师逡巡而不敢进,秦无亡矢遗镞之费,而天下诸侯已困矣。"

【环节三】研读思辨,理性表达

学习活动三:各抒己见,畅所欲言,以《我看苏洵〈六国论〉》为题,完成一篇短论。

【实践反思】

"天下兴亡,匹夫有责"。《普通高中教科书　语文　必修　下册》第八单元隶属于"思辨性阅读与表达"学习任务群,且该单元中作品文体多样。苏洵的《六国论》是一篇借古讽今,以史为鉴的史论,写于北宋为周边国家蚕食侵割之时,主要阐发六国破灭的缘由,论述有雄辩的力量和充沛的气势。教学本课的目的在于知人论世,一方面需要学生掌握作者表达的观点及论述的思路,另一方面更需要引导学生反思作者撰文的现实针对性,领会其中所表现的古代士人家国天下的情怀。

为了帮助学生更好地理解和走进文本,设计时首先考虑创设情境,建构特定的学习场景。情境主要围绕核心——"史论文的考据",进行一次专题讨论沙龙。史论为何要考据?学习为何要设立专题讨论?对于这些问题的思考,源于对作品的内容理解、文本独特性与单元主题价值的把握。我们都知道,教学过程中《新课标》是导向,教材是依据,文本是抓手,学习的根本在于素养落地,学科核心素养的培育与实现。因而,基于单元学习任务的要求,本课教学设计始终坚持在真实情境中激发学生思考,在对核心问题讨论中,让学生大胆表达自己的看法与认识。通过概括、提炼、比较、倾听与归纳的学习过程中,促进学生思维品质的发展提升,引导学生发展实证、推理、批判与发现的能力,辨别是非,提高理性思维水平,养成良好的批判性思维习惯,最终使得单元学习任务的目标得以逐层推进和落实。

其次,从"读写"融合发展来看,本课教学基于文本,"读写"任务不断进阶展开。史论文思辨性阅读要求我们能对史论文实现"走进——走出"的理解过程,在初读、细读、对读、研读的过程中,理解把握作者的核心观点及论述表达。进而再对史论文提出深刻而又有见地的"疑惑",并能沿着"质疑点"去继续探寻、求证,深入文本去探究循证这种"质疑"。总体上,本课教学从初读文本,整体感知,到深度阅读,启发质疑,再到研读思辨,形成高阶思维,"读"的要求不断提高,使得阅读能力得以同步提升;从思维导图的梳理绘制,到困惑理解的记录点评,再到理性表达的短论写作,"写"的形式的变化,是阅读学习的直接反馈和正向发展的表征。短论写作是表达的综合性体现,是需要在前两个学习环节的铺垫中得以实现的。"读"与"写"的双向发展,同步进阶,是一种应然,也是"读写"走向融合发展的必然。

正如叶圣陶先生所说:"善读必易于达到善写,善写亦有裨于善读,二者皆运用思考之事。"语文学科承载着提升思维品质的重要任务,新课标将"思维发展与提升"作为学科核心素养的重要内容,并将"思辨性阅读与表达"作为必修学习任务群之一,明确提出培养学生的"辨证思维和批判性思维""培养思维的逻辑性"。正是基于"双新"背景下对"读"与"写"的教学要求,因而在史论文的思辨性阅读教学和短论的写作实践过程中,同时关注"读"与"写",在读写能力的培养和同步发展提升中,逐步引导学生理解经典背后隐藏的审美文化和蕴含其后的传统文化,为传播和弘扬中国传统文化打下坚实而牢靠的基础。

"史论"的评说
——《过秦论》

《过秦论》被选编入部编版选择性必修中册第三单元,归属于"中华传统文化经典研习"学习任务群。基于"双新"背景下的语文课程意识,结合"回到历史现场"的单元主题,教师需要带领学生深入理解《过秦论》作为议论性散文的叙写方式与作为历史类散文的价值意义,在读写融合的研习过程中推进更深层次的思维训练与文化陶冶,进行以教材为载体、以学生为主体、以学科为范畴的高中语文文言文教学实践。这或可被视为"双新"背景下教学范式革命进程中一种有意义的尝试。

【教学设想】

《过秦论》被选编入部编版选择性必修中册第三单元,归属于"中华传统文化经典研习"学习任务群。选择性必修课程强调对优秀作品能够常读常新;借助有关资料,加深对优秀作品的理解。"中华传统文化经典研习"学习任务群旨在引导学生通过阅读中华传统文化经典作品,积累文言阅读经验,培养民族审美趣味,增进对中华优秀传统文化的理解,提升对中华民族文化的认同感、自豪感,增强文化自信,更好地继承和弘扬中华优秀传统文化。

任务群涉及教材单元主要有四个,《上海市高中语文学科教学要点与单元实施》概括本单元内容要点为:"阅读史传和史论作品,领会作者的立场、观点、态度,探究其写作意图,赏析作品的表达艺术。"

同时,根据单元导语的提示,学习本单元要"回到历史现场",意在引导学生阅读历史类散文作品时,要联系历史背景,认识作品在当时的意义及其对后世的影响；当然也要超越时代，审视作者的立场，辩证认识评论者看待历史或论述方式的偏颇和缺陷。学习《屈原列传》《苏武传》这样的史传作品，要鉴赏作品的叙事艺术和说理艺术，领会其中体现的历史观念、家国情怀和担当精神；学习《过秦论》《伶官传序》这类史论作品，则更要把握论者的观点和论述方式，学习和借鉴他们思考社会现实问题的态度和方法。

《过秦论》自司马迁引以为《秦始皇本纪》的定评起始，历经千年，已成为中国人公认的经典名篇，但也不乏对其中史识与史实质疑的声音。《中国高考评价体系》对"思维方法"的考查列出了3个二级指标——科学思维、人文思维、创新思维，并对科学思维与人文思维的"指标表现"作出了明确的界定：科学思维"采用严谨求真的、实证性的逻辑思维方式应对各种问题"；人文思维"运用历史的、辩证的、审美的、系统的思维方式应对各种问题"。以科学思维来审视《过秦论》作为议论性文本的问题，与以人文思维来欣赏其作为"史论"的文化价值，本质上并不矛盾。认识到经典的价值不在于完美无缺，而在于其承载的独一无二的思想意义，方是文化传承真正发轫之处。

【设计呈现】
【学习情境】

《过秦论》的"过"是指斥过失的意思。秦究竟错在哪里？贾谊的答案是——"仁义不施而攻守之势异也"。然而，对这句话的理解，同学们出现了两种不同意见。分歧不在于"仁义不施"，而是在对中间这个连词"而"的解释。一些同学认为，"而"应该表因果，另一些同学则认为，"而"应该表转折。你赞成哪一种说法？

【环节一】史识的评说——你赞成哪一种说法？
学习要求：辨析文章结论"仁义不施而攻守之势异也"的含义。

【参考分析】

（1）根据教材注释，"攻守之势异也"意为：攻和守的形式不同了。攻，是指秦兼并六国时处于攻势。守，指秦统一天下后处于守势。

（2）秦兼并六国时：用商鞅之法、修守战之具，是施不仁之政；窥周室、斗诸侯，是怀不仁之心；发动战争致使伏尸百万、流血漂橹，是行不义之战。

秦统一天下后：始皇帝"执敲扑而鞭笞天下"，用严刑峻法奴役百姓，"焚百家之言"以愚民，"收天下之兵"以弱民，凡此种种，都是不施仁义的表现。

（3）综上可知，贾谊的观点是一个省略句：不施仁义，在"攻"天下时是可行的。但是，到了"守"天下的阶段，不施仁义就一定会导致灭亡。因此，"而"应当理解为表转折。

设计说明：

本环节的设计与文言文阅读的学理规律相契合。为了解决"而"这个虚词的问题，需要先研究这句话的实字部分。学生在学习任务单上完成填空的过程中，首先需要回到教材，体现语文教学的教材意识；然后需要回到整篇课文，发现文本内部的关联，体现对文本的整体阅读能力；最后需要综合已知信息得出最终结论，学生的结论可能推翻自己先前的认知，学生与学生间的观点也可能产生分歧，其中充分体现阅读所需的高阶思维能力。

【环节二】史实的评说——贾谊的理由是否充分？

学习要求： 辨析文章论证观点的理由是否充分。

【参考分析】

贾谊主要是通过列举史实来论证"仁义不施而攻守之势异也"的观点的。判断贾谊的理由是否充分，可以借助一个评价工具，即"充足理由原则"。这里的 A，就是贾谊的论点，B 则是贾谊所采用的论据。也就是说，从逻辑角度来看，论据真实，才能保证论点确凿。那么，贾谊的论据真实吗？（学生分享预习作业。）

对照预习作业，文中列举的史实，与客观历史过程并不完全相符。由此看来，贾谊的理由存在说服力不足的问题。然而，这却并未影响《过秦论》作为经典的价值。

设计说明：

本环节的设计将"逻辑的力量"单元中的"充足理由原则"引入到文言文阅读中，尝试进行跨单元教学，体现语文课程意识。同时，从阅读能力的实践角度,充分重视逻辑思维在阅读中的重要作用,通过向学生提供符合逻辑规律的阅读支架,帮助学生从"泛读"走向"研读"。在此过程中,学生把预习作业的分享作为"写"的成果呈现参与其中,读写融合中助推综合素养的提升。

【环节三】史鉴的评说——为什么《过秦论》的论证存在理由不充分的缺憾,并不影响它的经典性?

学习要求:探究《过秦论》作为经典的价值。

"经"在汉代主要指地位最高的儒家著作。"经典"就是指地位至高、具有代表性和指导意义的著作。《过秦论》被鲁迅评价为"西汉鸿文",代表了一个时代文学的最高水平;中国社科院编撰的《中国历史年表》中,高度评价了贾谊的历史贡献,认为他对秦亡进行了深刻的反思。无论是作为文学经典,还是作为史学经典,《过秦论》的艺术价值和思想意义都获得了广泛的肯定与推崇。原因何在?

【参考分析】

《过秦论》作为一篇"以赋体写史论"的经典,在文学和史学两方面都具有极大价值。

文学价值:修辞之美

对比、夸张、排比的大量运用,骈散结合的句法之美,修辞手法之精妙,艺术表现之精彩,后世鲜有超越者。因而,那些史实方面的问题,未尝不是贾谊为了达成文学效果的有意为之。恰恰是在历史结束的地方,文学开始了。

史学价值:针砭之利("过秦""规汉")

"一切历史都是当代史"。贾谊抓住了"秦亡"与"汉兴"之间的内在逻辑,交出了一份超越同时代人的答卷。高祖五年,刘邦置酒洛阳南宫,令列侯诸将言得、失天下缘由。刘邦自己将兴亡成败归于个人的用人之道,较当时一味言说虚无缥缈"天命"的儒生已然高出许多。然而贾谊的论述则更有时代针对性:秦亡是因为守天下而不施仁义;刘邦逐鹿中原时是"攻天下",仁义或许尚可存而不论;到汉文帝这个"守天下"之君时,就必须要施仁义,否则必然会有重蹈秦之覆辙的危险。"而"的针对性就在于此。文章揭示了"秦所以亡"与"汉何以兴"的一体两面性,名为"过秦",实为"规汉"。

白居易在《与元九书》中写道:"始知文章合为时而著,歌诗合为事而作。"《过秦论》在唐人古文运动中备受推崇,也正是因为其作为史论经典,无可争议的代表性和指导意义。

设计说明:

本环节的设计旨在让学生集中完成"读"与"写"的综合实践运用,培养学生思辨性阅读与表达能力。学生需要同时关注《过秦论》在文学和史学两个领域的意义价值,要达成这一目标,既需要借助阅读,即对教材文本和补充材料的充分把握,又要求实时信息的充分交换,即小组讨论的充分参与,还需要形成观点后的理性表达。整个过程是对学习情境的最终输出,也是学习意义的自主发现。

课堂小结:

经典的价值不在于完美无缺,而在于其承载的思想与意义。作为历史的后来者与文化的继承者,我们唯有返回历史现场,体会《过秦论》名为"过秦"、实为"规汉"的写作意图,体会贾谊在对历史的评说中寄寓的忧国忧民的使命担当,体会中国人一脉相承的家国情怀,才可以真正评说《过秦论》作为一篇史论经典的历史价值。

【布置作业】

鲁迅曾评价《过秦论》"沾溉后人,其泽甚远"。《六国论》《阿房宫赋》《伶官传序》等都继承了贾谊"以史为鉴"的写作传统,有些是从正面直言规劝,有些则是从侧面委婉谏言。撰写一篇文章,比较两种写作方式的异同,谈谈你对此的思考。

课前学习任务单

过秦论
第二课时　预习任务单

一、预习目标

了解《过秦论》中列举的史实。

二、预习任务

阅读补充资料"秦汉历史年表",制作一张《过秦论》史实时间轴。

课上学习任务单

过秦论
第二课时　学习任务单

一、学习目标

研习《过秦论》,把握论者的观点和论述方式,学习作者思考社会现实问题的态度和方法。

二、学习任务

学习活动一：史识的评说——你赞成哪一种说法？

学习要求：辨析文章结论"仁义不施而攻守之势异也"的含义。

（1）结合教材注释,理解"攻守之势异也"的含义。

（2）列举秦"仁义不施"的表现。

统一前：＿＿＿＿＿＿＿＿＿＿＿＿＿＿＿＿＿＿＿

统一后：＿＿＿＿＿＿＿＿＿＿＿＿＿＿＿＿＿＿＿

（3）把"仁义不施而攻守之势异也"翻译成现代汉语。

＿＿＿＿＿＿＿＿＿＿＿＿＿＿＿＿＿＿＿＿＿＿＿

学习活动二：史实的评说——贾谊的理由是否充分？

学习要求：辨析文章论证观点的理由是否充分。

（1）为了表达观点,贾谊是如何论证的？

（2）论证的理由是否充分？

学习活动三：史鉴的评说——为什么《过秦论》的论证存在理由不充分的缺憾，并不影响它的经典性？

学习要求：探究《过秦论》作为经典的价值。

（1）反思学习活动二，探究《过秦论》作为文学经典的价值。

（2）反思学习活动一，探究《过秦论》作为史学经典的价值。

学习任务	探究《过秦论》作为经典的价值			
文学价值		史学价值		
原文摘录	_____ _____			批注
资料1		秦	汉	
	法律制度	秦代的刑罚体系非常残酷，死刑种类多，滥用肉刑。《盐铁论》说，在秦代，割下来的鼻子堆成堆，砍下来的脚装满了车。且广泛采用株连，族刑成为法定刑罚制度，"赭衣塞路，囹圄成市。" （《中国古代法制史话》）	汉初制度、法律，一切全依秦旧。 （钱穆《国史大纲》）	
	文化政策	有敢偶语诗书者弃市。以古非今者族。吏见知不举与同罪。 （《史记·秦始皇本纪》）	窦太后好《老子》书，儒生辕固生因诋毁黄老学说触怒太后，被投入兽栏，令其与野猪搏斗。 （《诸子百家大词典》）	
	治国理念	秦王怀贪鄙之心，行自奋之智，禁文书而酷刑法，先诈力而后仁义，以暴虐为天下始。 夫并兼者高诈力，安定者贵顺权，此言取与守不同术也。 （《过秦论·中篇》）	夫寒者利裋褐，而饥者甘糟糠，天下之嗷嗷，新主之资也。此言劳民之易为仁也。 （《过秦论·中篇》） 慈惠爱民曰文。孝文皇帝即位二十三年，宫室苑囿车骑服御无所增益。与匈奴结和亲，不发兵深入，恐烦百姓。 （《汉书·文帝纪》）	
资料2	"西汉鸿文，沾溉后人，其泽甚远。" ——鲁迅 "公元前168年，贾谊卒。著有《新书》，对秦亡进行了深刻反思。" ——中国社会科学院历史研究所编纂《中国历史年表》			
我的看法：	_____ _____			

【实践反思】

《普通高中教科书 语文 选择性必修 中册》的第三单元的人文主题，叫做"回到历史现场"。备课过程也经历了三个阶段：起初是努力回到历史中去；接着发现，真正的历史是回不去的，不然也不会叫做历史了；最后明白，我们能够回去的，其实也只能是语文中的历史现场。我希望能通过单元学习设计的尝试，让这堂课能回到语文，回到语文知识、技能，回到核心素养的落实中去。

一、素养落地的学习目标

什么是素养？就语义理解角度而言，素养不同于素质。素质是先天具有的特质，素养则是"养"而成"素"，通过培养而形成内化于个体生命的特质。

从本单元所处的学习任务群以及"回到历史现场"的单元主题出发，本单元所指向的素养目标可以理解为：在语言建构与应用的基础上，融合思维与审美的升格，最终达成历史场域下中华传统文化的传承与理解。同样，这些语文学科核心素养需要借助具体的学习活动培养，使其成为学生"把在学校里学到的东西全部忘光后留下来的东西"。而学习活动的设置，只有在学习任务的统合下序列化展开，才有可能形成有效的学习发生路径。

二、情境学习的意义发现

情境是什么？情境不同于情景，不仅仅是客观的背景本身，而是更关注环境与主体的关系，也即学生在具体的学习情境中如何实践并对实践进行反思。情境下的学习是学习意义的发现，也就是所谓"学以致用"。"用"的落实，则需要情境中所有参与者、环境要素的共同配合。具体而言，有两方面尤为重要。

其一，小组合作，生生互学。完成任务的主体是学生，完成任务的行为是学习，在同一个学习情境下，主体行为主要体现在学生与学生间的互相学习。教师的角色，不仅仅是学习任务的设计者，还是完成任务过程中的陪伴者、帮助者，更是对任务完成情况作出评价的主导者和参与者。

其二，工具媒介，技术赋能。新时代的语文学习能力，不仅仅是纸面上的能力，更是掌握媒介和使用工具的能力。为了完成学习任务，网络资源、思维支架、通讯软件、多媒体展示平台，成为了学习的必需。由此，语文学习作为综合性实践活动的本来面目也得以彰显。

综上,通过以上方面设计的落实,情境才能更好地促进学习者体验学习过程,增强对学习过程的认知与理解,在学习任务的推动下,增加主动内化的可能性,从而加速素养的形成。

三、立足学科的文言学习

《过秦论》是一篇"以赋体写史论"的论说类文言散文。就文体上来看,它既有历史的思想性,又有文学的艺术性。因此,对文章中涉及历史事实的掌握,不免就成为理解这篇文章的基础,但是如果试图将这些资料统统塞进课堂教学中,那么这似乎就不是一堂语文课了。

此外还有另外一个问题,那就是《过秦论》本身对历史的呈现方式,恰恰是不那么符合历史真实的。比如"吞二周而亡诸侯",东西二周在秦始皇继位前就已经灭亡了;比如六国和秦的作战,应该算是互有胜负,秦的崛起也经历了500年漫长的积累,并不像文章所写的那么迅猛、那么势不可挡。贾谊所写的历史,本来就是一个只存在于文字中的历史,不是历史学所追求的那个真实的历史。

那么,这是否意味着贾谊的《过秦论》就失去价值了呢?恰恰相反,正是在历史结束的地方,文学才开始了。

贾谊对历史的独特选择和特殊表达,恰恰是他在文学上的成功。铺排、夸张、对比,固然会使历史变得不那么准确,但却能够增强情绪感染的力量,读者不由自主地屈从于贾谊的文辞,从而自然而然地接受了贾谊的观点——轻信强权的力量,一定会导致"一夫作难而七庙隳"的下场;唯有施行仁义,才能真正守住天下。这个观点影响了汉文帝,影响了一代代中国人,影响了我们的历史,成为了一种我们内心的共识和信念。

具体到教学活动的展开,则比如说,从"仁义不施而攻守之势异也"的"而",一个非常小、非常基础的点切入,和学生一起去看到这个虚词背后极大极深远的东西。在这个意义上,回到历史现场,目的不在于历史本身,而在于一种文化的传承与理解,在于一种历史的责任。

游走在"新闻"与"小说"间的报告文学
——《包身工》

  本单元主要围绕"苦难"这一人文主题,引导学生学会独立阅读与理解实用性文本,学会用逻辑清晰且简洁的语言进行表达交流。本课设计主要围绕单元学习任务写札记展开,研习主任务立足于围绕报告文学《包身工》开展一场读书札记交流会,核心探讨优秀的报告文学是如何体现其新闻性与文学性的统一,通过读写任务的推进融合发展,积累习得阅读经验,提升读写思考的审辨力。

【教学设想】

  本单元所选的作品,有的寄托对烈士牺牲的深切哀痛,表达对正义力量的信心;有的展现旧中国劳动人民的苦难,揭示中国革命的意义;有的描绘革命斗争的场景,反映革命志士的高尚品质和人民群众的不懈奋斗。

  《包身工》在文体上属于报告文学,作者深入"包身工"生活的真实场所,细心观察,用心体会,将生活在社会底层、奴隶一般的做工女孩子的真实生活公之于众,在记叙与描写中,作者穿插交代了包身工制度的产生、发展等背景资料,这种制度的罪恶及其对年轻生命的戕害便不言而喻。学习本单元,深刻认识革命历程,激发奋斗向上的精神力量;了解纪实作品和虚构作品各自的特点和表现手法,欣赏作家塑造艺术形象的深刻功力和富有个性的创作风格。本篇属实用性阅读与交流任务群,旨在引导学生学会独立阅读与理解实用性文本,(包括新闻特写、通讯、报告文学等文体),学会用逻辑清晰且简洁的语言进行表达交流(口语及书面语),以丰富学生的学习生活,提高学生对生活的感悟能力,促使学生更好地融入生活实际,更好地认识历史并把握当下,树立当代中国人的文化自信,增强为社会主义现代化而奋斗的使命感和担当意识。

【设计呈现】

导入:

《包身工》被誉为中国报告文学的里程碑之作。在上个世纪三十年代,夏衍以记者的身份做了实地调研,目睹了包身工们的凄苦生活,为这一独特群体写了一篇七千六百多字的报告文学。今天这节课,我们一起走近"包身工"们,去了解她们的真实生活现状,去理解作者在纪实中独特的表现手法,在读的过程中交流讨论,发表自己的思考和感悟。

【学习情境】

2024年10月30日,是我国知名文学、电影、戏剧作家和社会活动家夏衍先生诞辰124周年。上海地铁1号线徐家汇站文化艺术长廊(近5号口)举行《启蒙与救亡——与世纪同行的革命文人》展览,上海话剧艺术中心集合三代话剧人将再度演绎海派经典话剧《上海屋檐下》。我校文学社围绕夏衍先生1936年发表的报告文学《包身工》开展一场读书交流会,结合作品具体内容,交流探讨优秀的报告文学是如何体现其新闻性与文学性的统一。

设计说明:

本篇属实用性阅读与交流任务群,主要研习目标是完成写札记的任务,而本次札记的主要内容则指向优秀报告文学新闻性与文学性相统一的特点。由此,首先创设研习的情境,设置与作家作品关联的特定情境,以真实情境有效带动学生走近作家,走进文本。其次,为了更好地引导学生学会独立阅读与理解实用性文本(包括新闻特写、通讯、报告文学等文体),学会用逻辑清晰且简洁的语言进行表达交流(口语及书面语),研习的主要任务定位在开展读书交流会。

【环节一】 了解新闻事实,理解报告文学的"纪实"特点。

学习活动一:理解研习所需的知识。借助工具书或网络,了解"报告文学""报告文学的新闻性""报告文学的文学性""新闻消息""札记"等,课上作简要交流。

报告文学,是一种散文体裁。以现实生活中具有典型意义的真人真事为题材,经过适当的艺术加工而成,兼有新闻报道特点。(《现代汉语词典》)

报告文学的新闻性,即所报道事件的真实性,主要体现在对人物、事件、环境等方面的纪实。

报告文学的文学性,既包括篇章结构、形象塑造等整体性的构思安排,也包含细节描写等具体的手法即语言节奏、标点符号、语序等语言形式的独特运用。

新闻消息,主要是概括地写出某一时间、地点,发生了一件什么事和事件发生的经过,是对新近发生的有社会意义并引起公众兴趣的事实的简短报道。

学习活动二:尝试用图表的方式概括"包身工的一天"生活内容。(要求:包含一天的时间线和衣、食、住、行、做工五个方面内容。)

包身工的一天	
时间	4:15 起床—4:30 早餐—5:00 上工—18:00 收工
包身工的生活	
衣	褪色或脏了的短衣,短衫,下面是玄色或是条纹的裤子。破烂的粗布鞋
食	两粥一饭:早晚吃粥,中午干饭
住	面积约9.32平方米,要容纳十六七个人,吃喝拉撒睡,人均居住面积不到0.6个平方米
行	没有自由,在严密监视下往来于工房与工厂之间,两点一线
做工	在"三大威胁"(音响、尘埃、湿气)和"三大危险"(殴打、罚工钱、停生意)威胁下工作

学习活动三:读写练笔。请同学给课文《包身工》写一则150字的新闻。(要求:包含新闻五要素。)

上世纪三十年代(何时),在上海杨树浦福临路地区的东洋纱厂中(何地),出现了大量被诱骗到上海的农家女子(何人),他们签约"包身工卖身契",遭遇种种非人的虐待,成为被剥削的廉价劳动力(何事)。他们成为"包身工",一方面是因为受到自然灾害影响,家庭生活日益穷困而无法生存;另一方面是因为日本纺织工业在中国的迅速扩张(何因)。这就是"包身工"现象。

思考:试比较以下这则新闻报道描述是否准确,是否符合当时实情呢?
"在包工头与包身工之间每天都发生争吵和殴斗。"
——1930年8月26日《申报》
(新闻失实、误导)

设计说明:

本环节的设置达成三点要求:第一,概念界定,引导学生通过工具书等方式,学会查找资料的方法,并重点掌握本课所学报告文学的特点,了解报告文学与一般新闻消息的共性与差异。第二,用圈画标注的方式,帮助学生梳理本文所记对象的生活实情,在初读基础上能理解"不带虚构""如实"的具体体现。第三,尝试新闻写作,是研习成果雏形的体现,在学写新闻的过程中,进一步让学生掌握新闻写作各文体特点,同时也能学以致用,通过课内所学能迁移转化应用。

【环节二】(阅读与鉴赏)理解报告文学的"文学性"特点。

报告文学在真实性的基础上,要反映发生事件的时间、地点和经过,还要反映人物的精神面貌、思想气质、道德品格,以及事件的具体状貌,给人以身临其境、如见其人、如闻其声的立体感。以下我们主要从文本中对个体与群像的塑造、篇章结构及细节描写等方面展开讨论。

学习活动一:细读文本,理解群像塑造与个体选取的写法。请摘录文中作者对人物进行描写的内容,记录下你的阅读感受。

个体：芦柴棒、小福子、无名女工……
群像：包身工群体、拿摩温、包工头等剥削者群像

例一　包身工群像描写

"跟着这种有威势的喊声，在充满了汗臭、粪臭和湿气的空气里面，她们很快地就像被搅动了的蜂窝一般骚动起来。打呵欠，叹气，寻衣服，穿错了别人的鞋子，胡乱地踏在别人身上，叫喊，在离开别人头部不到一尺的马桶上很响地小便。成人期女孩所共有的害羞的感觉，在这些被叫作"猪猡"的生物中间，已经很迟钝了。半裸体地起来开门，拎着裤子争夺马桶，将身体稍稍背转一下就会公然地在男人面前换衣服。"[1]

这是一段描写包身工清早起床时的场景描写。作者运用比喻（修辞）、短句（句式）、叙述视角（客观描述）、动作描写等手法，以形象生动的群像描写真实反映包身工每天都处在条件恶劣、精神紧张的生活状态下，过着一种超出常人想象的非人生活，真实而有力地表现了包身工的集体生活现状。

例二　带工老板、东洋婆、打杂、拿摩温等剥削者群像

"拿摩温"看到"东洋婆"走过来，打包身工"比平常格外着力"。
"揍你的！再不起来？懒虫！等太阳上山吗？"
"死懒！躺着死不起来，活该！"
"假病！老子给你医！"

文中类似的短促话语非常多且常带有方言特点，仅仅三言两语的展示，就将带工老板的丑恶嘴脸以冷峻客观的方式呈现在了读者的面前，其背后暗藏的潜台词不言自明。

例三　"芦柴棒"的三次细致刻画

第一次描写：
"十五六岁，除了老板之外，大概很少有人知道她的姓名。手脚瘦得像

---

[1] 教育部.普通高中教科书　语文　选择性必修　中册[M].北京：人民教育出版社，2020：52.

芦棒梗一样,于是大家就拿'芦柴棒'当作了她的名字。"

第二次描写:

"一手抓住了头发,狠命地往地上一摔,芦柴棒手脚着地,很像一只在肢体上附有吸盘的乌贼。"

文中的"芦柴棒",无名无姓,作者对其外表形象的描写十分简洁凝练,十五六岁的少女,此刻却只见其瘦而枯槁、脆弱、被摧残消磨到毫无生命力;芦柴是工具,是燃料,象征她这个女孩作为包身工的命运,被物化为工具人,活生生的人被异化,作为燃料在无情的资本生产中将被消耗殆尽。

再细读了解"芦柴棒"的现实状态,生病,软绵无力,而遭毒打,由"抓"到"狠命一摔",出于任何人的本能,都应该会为了保护自己去抵挡或躲闪,但是她没有,显然她已经无力保护自己,所以只能像"乌贼"一样,趴在地上,受尽虐待。女工的饱受摧残可见一斑,此情此景怎不令人揪心,让读者情不能已。

第三次描写:

"手脚像芦柴棒一般地瘦,身体像弓一样地弯,面色像死人一样地惨!咳着,喘着,淌着冷汗,还是被逼着在做工。譬如讲芦柴棒吧,她的身体实在瘦得太可怕了,放工的时候,厂门口的"抄身婆"(检查女工身体的女人)也不愿意去接触她的身体。"

"不愿接触她的身体",其话语既是夸张又是确凿的事实,文字背后怜悯之心溢于言表。在纪实的文字中我们充分感受到作者抒写时的悲愤与激动,写得如此真实可感,极富感染力。"芦柴棒"及"芦柴棒"们——这些纺织女工的悲惨遭遇需要公布于世。文字深情地表达了作者对恶毒剥削者的罪行予以强烈的控诉。

学习活动二:报告文学是新闻,也是文学,基于采访对象被奴役、被侵害的现状,很难通过典型形象的自述来打动读者。夏衍在阅读包身工相关文字材料的时候,找到了怎样的细节?请写下你分析和理解。

例一　"包身工"的其他称谓

"生物、猪猡、懒虫、机器、罐装了的劳动力、试验工、养成工、奴隶、死娼妓、泥土、墨鸭、冤魂、芦柴棒、……"

包身工在不同的人们口中变换着不同的称谓，唯独不是"人"。从称谓中可以想见他们的境遇，如此孤苦无告，饱受折磨、暗无天日且沦为物品，这是一个触动人心的可怕的结论。在资本家和带工老板的共同压迫下，包身工早已失去了作为一个人应该有的尊严和权利。

例二　文中列举的大量数字

● "七尺阔、十二尺深的工房楼下，横七竖八地躺满了十六七个'猪猡'。"

● "包身费大洋二十元，期限三年，……生死疾病一听天命，先付大洋十元。"

● "单就这福临路的东洋厂讲，光绪二十八年三井系的资本收买大纯纱厂而创立第一厂的时候，锭子还不到两万，可是三十年之后，他们已经有了六个纱厂，五个布厂，二十五万个锭子，三千张布机，八千工人和一千二百万元的资本。"

● "'芦柴棒'现在的工钱是每天三角八，拿去年的工钱三角二做平均，两年来在她身上实际已经收入二百三十块钱了！"[1]

数字运用是"事实胜于雄辩"，以无可辩驳的事实，深刻地揭露了带工老板在住宿条件、伙食待遇、工作环境、剥削程度等方面对包身工残酷的压榨。以铁的事实、精确的数据、精辟的分析和评论，把劳动强度最重、地位最低、待遇最差、痛苦最深的像奴隶一样做工的包身工们的遭遇公之于众，愤怒地控诉了帝国主义和买办势力残酷剥削和掠夺中国工人的罪行。我们在对包身工悲惨命运扼腕叹息之余，又深深地感叹作者高超的写作艺术。

设计说明：

在前一研习任务的基础上，这一环节对于读写任务有所提高，从报告文学的真实、写实、如实的记载上，我们需要进一步探究理解报告文学的"文学

---

[1] 教育部.普通高中教科书　语文　选择性必修　中册[M].北京:人民教育出版社,2020:52-60.

性"特点。因为学生对一般作品的"文学性"有基本认识,如人物形象塑造、细节描写等文学表现手法综合运用,所以为了后续完成写札记的任务,我们用摘录点评、记录分析感想的方式,聚焦对文本"文学性"的理解分析。在读的同时随摘随记,边思边悟,读写进阶的过程中融合发展学生的理解鉴赏力、思考审辨力,在报告文学的文学性表达中达成共情与同理,逐步走向深悟与理性。

【环节三】(表达与交流)围绕新闻性与文学性的统一,撰写札记,开展读书交流。

在新闻界,报告文学被称为"非虚构性文学",说明报告文学在表达方法上类似小说。但是和小说相比,其要求严守真实性原则,不能虚构,所有的艺术概括与加工,都不能违反真实性的原则。在之前所摘记和写感受的基础上,我们再就《包身工》新闻性与文学性的统一的艺术特点,进一步深入探讨它是怎样游走在新闻与小说之间的。

学习活动一:围绕《包身工》一文新闻性与文学性统一记录学习心得,完成札记写作。

(要求:简短,言之有物,记录要点与思考。)

设计说明:

再次明确什么是札记。札记是读书笔记的一种,是读书时摘记要点与心得的文字。(古称小木简为札,条记于札,故称札记。札记篇幅较短,可以条目式,也可成文。)

例一 篇章结构

优秀的报告文学善于将生活中真实可靠的一刹那进行相对的集中,必要的调动,形成文学的感染力。作者巧妙地把包身工所受苦难的一些特写镜头和横断面加以调动和集中,组织到一天中来写,在整篇报告文学中又运用了明线与暗线同时展开的结构特点,充分体现了文学性特征。

(1)点面结合的叙事手法增强真实性。

场景	具体人事
起床的场景	"芦柴棒"烧火
	"芦柴棒"生病遭毒打
吃早饭的场景	"小福子"工作遭毒打
上工的场景	"芦柴棒"免受抄身
	某包身工写信遭毒打

（2）明暗双线结合的纵向构思特点。

线索	包身工一天作息	线索	包身工制度
1—7	四点过一刻 起床	8—11	"包身工"历史（包身工制度的产生）
12—14	四点半之后 吃饭	15—22	雇佣"包身工"原因（包身工制度的发展）
23—33	五点开始（十三个小时）上工	34	东洋厂飞跃庞大（包身工制度的结果）
35—47	整体的生活和命运	48—50	痛斥黑暗,期待未来（包身工制度的趋势）
表达方式	记叙 描写	表达方式	议论 说明

报告文学的主题比文学作品更加鲜明、集中和新颖,所以,安排结构不但在主题统帅下展开,而且更明显地贯穿和直接表现主题。

例二 形象塑造

（1）个体与群像。

在包身工群体形象塑造过程中,作者为什么特别详细写了"芦柴棒"等人物个体？作者旨在通过个体与群像的结合,使包身工的群体形象突出,个体形象鲜明。群像的描写,是对人的叙述或概括性描写,体现其广度；个体的刻画,是最能显示人的形象、状态、特征的详细描写,更体现其深度。在这样的个体和群体结合的描述过程中,让读者对包身工们过着的奴隶般的生活有了全景式的了解,也让她们悲惨境遇的普遍性得到强化。无论个体形象还是群像描写,都是报告文学新闻真实与文学描述的统一所在。

(2)理解"典型"。

作者对"芦柴棒"的刻画,集中对其身体所遭摧残程度之深重进行描写;而"小福子"不仅是身体,更有人格尊严受辱的描写;"无名女工"遭遇再次呈现了似人非人的世间。他们是人,但是并未被当作"人"看待,他们生活在这样悲惨的现实世界。作者凭借这"一个单独的形象"所发生的事实,调查研究、采访,从中筛选出典型事件、典型细节,这就是现实生活中真实存在着的"典型",即"典型的真实环境"中的"真实的典型人物"。报告文学的新闻性与文学性统一得到充分体现。

例三　标题拟写

报告文学的标题有三方面的要求:一应求实,二讲究修辞,三具有概括力和气魄。本文标题是否具有吸引力和震撼力的特征?有读者曾向夏衍先生提出给《包身工》加上定语,如果是你会选择哪个词语?夏衍先生为什么没有加任何修饰词?

如果要加一个定语,可能会选择"苦难"。对于包身工而言,不仅是外在的能看到的肉体方面,工作现状、生活境遇方面,更在于对当时社会苦难现实、社会制度的苦难的真实写照。其二,夏衍先生对于修饰词语的省略,可能因作者认为无法用任何一个词语可以去定性或概括,也为了形成一种含蓄而无言的力量,或许这正是报告文学"文学性"的最好体现。

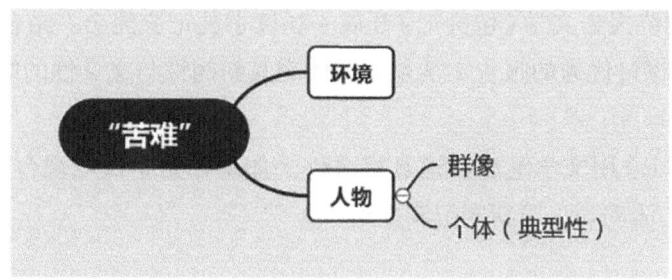

设计说明:

基于本单元研习任务对本课提出的研习要求,即深入阅读课文,就其主要特点写一篇札记，这一环节的设置即是对该研习任务的有效反馈，而写札记任务的完成，也是对于读写任务推进中实现学生的研习成果。一方面，本环节需要完成一个综合的读写表达，必须经由环节二的基础才能达成，研习任务是有指向、有层级、有梯度的。另一方面，我们可以回顾所学，必修上册第一单元学习意象时学生曾学写札记，让学生在之前必修学习的基础上，从学习走向研习，札记写作的实践性和综合性更强，也更能帮助学生巩固和掌握札记写作。

课堂小结：

读者强烈现场感的获取是报告文学文学性的最好体现。随着作者的叙述，读者获得了真实的经历与体验。通过塑造典型人物，读者又获得身临其境的真切感，展开在读者面前的是包身工凄惨的生活画面。这也是经过近百年读者仍会为《包身工》动容，激起内心悲愤的重要原因。今天的报告文学《包身工》的研习之旅临近尾声，希望通过本课的研习，能让大家更多地了解纪实作品的独特表现手法，作者富有个性的创作风格，同时也能更深刻地理解旧中国劳动人民的苦难，体会作者"灵魂的震动"。

【布置作业】

（必做）

（1）拟写一则校园新闻。要求：包含新闻五要素。

（2）围绕报告文学《包身工》开展一场读书札记交流会。结合作品具体内容，交流探讨优秀的报告文学是如何体现其新闻性与文学性的统一。

（选做）

《包身工》用文学笔法报道真实事件。如果你是学校电视台记者，请为"学校930"活动写一篇新闻纪实报道。

课前学习任务单

【学习任务一】通读课文,知晓大意。

(1)阅读《包身工》全文,包括阅读"单元导语""学习提示"。边阅读边圈画(或标注)文中"不带虚构""如实"的相关内容。

(2)尝试用图表的方式概括"包身工的一天"生活内容。(要求:包含一天的时间线和衣、食、住、行、做工五个方面内容。)

【学习任务二】了解报告文学中的新闻事实

(1)了解作者创作背景。

"2月18日《大众日报》刊载赵光回忆夏衍的文章,夏公生前接受采访时谈及《包身工》的写作经过,夏公说:'其实,20年代后期,我就着手收集包身工素材了,到了1936年才完成,前后历时达十年之久。1927年开始,我做过一段时间的工会工作,认识了一些在纱厂工作的朋友和做工人运动的同志,从他们口中,我了解了包身工制度和他们的遭遇,我觉得非把这个地狱揭开不可。为了看到包身工们早出晚归的上下班的生活,我足足打了两个月的'夜工',每天半夜三点来钟起身,走十几里路到包身工们上班的杨树浦,混身于其中。这两个月,我比较详细地观察到了包身工们非人的生活。我本想写篇小说的,调查结束后,觉得小说不足以反映包身工的境遇,所以,我就把调查到的材料,不带虚构,如实地写成了《包身工》。'"

(《夏衍谈〈包身工〉》)

(2)新闻五要素,即新闻5w,指一则新闻报道必须具备的五个基本要素,分别为何时(when)何地(where)何事(what)何因(why)何人(who)。

【读写练笔】请同学给课文《包身工》写一则150字的新闻。要求:包含新闻五要素。

_____

_____

【学习任务三】理解报告文学的"文学性"

有感情地朗读描写包身工生活的语段和"芦柴棒"或"小福子"遭遇的相关段落,体会作者的写法特点。

【拓展链接】阅读以下与包身工相关的文字记载,理解当时特定的时代背景与社会现状

(一)汉语词典中"包身工"的定义。包身工,通过"包身契"包给工头,由包工头付给其家庭以低微费用的工人,旧社会一种变相贩卖奴隶的形式。起源于殖民时期的美洲地区,是资本家剥削工人阶级达到极致的产物。

(二)本文所反映的是"一·二八"以后到抗日战争以前这一时期的社会黑暗情况。那时中国农村在日本帝国主义的经济侵略下日益破产,农民生活极为痛苦。靠近上海的苏北地区,每年有大批无法生活的农家女孩被带工诱骗到上海,为他们谋取私利。上海工人抗日运动十分活跃。日本资本家为避免罢工的威胁,大量雇佣包身工来代替普通的自由劳动者。因而产生了罪恶的包身工制度。

(三)包身工的《卖身契》。

"立自愿书人×××,情由当年家中困难,今将少女××自愿包与招工员×××名下带到上海纱厂工作。凭中言明,包得大洋三十元整,以三年满期,此款按每年三月间付洋十元。自进厂之后,听凭招工员教训,不得有违。倘有走失拐带,天年不测,均归出笔人承认,与招工员无涉,如有头痛伤风,归招工员负责。三年期内,该女工添补衣服,归招工员承认。倘有停工,如数照补。期限×年×月×日满工,满工后,当报招工员数月。恐后无凭,立此承认。"[1]

(四)作者夏衍早年参加太阳社,是"左联"领导人之一。在夏衍撰写的《从"包身工"引起的回忆》一文中,有这样的记载:

---

[1] 王翔.中国近代手工业史稿[M].上海:上海人民出版社,2012:152.

> "包身工们清早就进厂做工,晚上才回工房,所以要看到她们上班下班的生活,非得清早和晚间不可。当时我住在麦特赫斯德路(现泰兴路),离开杨树浦很远。这样,为了要在早上五点钟以前赶到杨树浦,就得半夜三点多钟起身走十几里路,才能看到她们上班的情景。这样我从三月初到五月,足足作了两个多月的'夜工',才比较详细地观察到一些她们的日常生活。这些耳闻目见,使作者感受到了'灵魂的震动',他说:这时候我才知道,在二十世纪的帝国主义经营的工厂里,原来还公然保存着奴隶制度。我感到愤怒,我觉得非把这个人间地狱揭发出来不可。"

课上学习任务单

【学习目标】
把握优秀报告文学新闻性和文学性的统一,领会文章的主旨。

【学习重难点】
重点:理解作者多角度多层次塑造人物形象的特点。
难点:体会作者群像塑造与典型个体选取相结合的写法特点。

【学习情境】
我校文学社围绕夏衍先生1936年发表的报告文学《包身工》开展一场读书交流会。结合作品具体内容,交流探讨优秀的报告文学是如何体现其新闻性与文学性的统一。

【环节一】了解新闻事实,理解报告文学的"纪实"特点。
活动一:借助工具书或网络,了解"报告文学""报告文学的新闻性""报告文学的文学性""新闻消息""札记"等,课上作简要交流。
活动二:尝试用图表的方式概括"包身工的一天"生活内容。(要求:包含一天的时间线和衣、食、住、行、做工五个方面内容。)

活动三：读写练笔：请同学给课文《包身工》写一则150字的新闻。（要求：包含新闻五要素。）

【环节二】 理解报告文学的"文学性"特点。

活动一：细读文本，理解群像塑造与个体选取的写法。请摘录文中作者对人物进行描写的内容，记录下你的阅读感受。

活动二：夏衍在阅读包身工相关文字材料的时候，找到了怎样的细节？请写下你的分析和理解。

【环节三】 围绕新闻性与文学性的统一，撰写札记，开展读书交流。

活动一：围绕《包身工》一文新闻性与文学性统一记录学习心得，完成札记写作。

（要求：简短，言之有物，记录要点与思考。）

【推荐学习资源】

1. 杨建民《谁帮夏衍成就〈包身工〉》（《中华读书报》2012年第4期）
2. 郭志云《论〈包身工〉的报告文学特征》（《荆楚理工学院学报》2012年第3期）
3. 许俊义《〈包身工〉的写作手法艺术新论》（《语文建设》2014年第9期）

【实践反思】

《包身工》属于《普通高中教科书 语文 选择性必修 中册》第二单元，实用性阅读与交流任务群。新闻和报告文学是高中语文课程中的重要内容。学生在选必（上）已学习新闻相关知识及相关课文，基本具备了阅读新闻类作品的能力，且高二学生有一定的形象思维能力与逻辑思维能力，这些都为本课的学习打下了基础。基于此，结合单元研习任务，将本课的研习目标指向写札记，札记的主要内容指向优秀报告文学新闻性与文学性相统一的特点。

笔者在创设研习的情境时考虑到关联作家作品的特定情境,以真实情境有效带动学生走近作家,走进文本。在情境中驱动的研习主任务定位在开展读书交流会,一方面激发学生主动阅读的兴趣,让学生学习并思考新闻相关知识,感受到新闻的魅力,另一方面也是为了有效提高学生对生活的感悟能力,促使学生更好地融入生活实际。

本课设计关注报告文学的创作特点。如果不是基于对社会的真情实感,不是基于发自内心深处的召唤,那么作品就是苍白无力的。教学环节的设置始终要围绕真实性和文学性的统一这一重点来展开,从文本整体到局部细节的层层推进过程中,让学生理解这一独特的文体特点。这么多年来,中国社会发生了翻天覆地的历史巨变,无数或激动人心或发人深省的事件不断上演。课堂教学中,要让学生看到作家那双属于自己的"火眼金睛",要让学生懂得作家如何用笔讴歌时代、记录社会,用文字为社会的进步贡献文学力量,用热情和温暖的作品感动读者,进而凝聚人心,激发更大的前行动力。

本课设计聚焦报告文学的内容选材特点。《包身工》反映的正是旧社会广大劳动人民在帝国主义的侵略和黑暗势力的压迫下,过着水深火热的生活。作品记述了当时包身工们悲惨的生活和极端恶劣的生存环境,写出了帝国主义及其帮凶对工人的野蛮压榨和残酷迫害,揭示了"没有法律,没有人道"的包身工制度必然覆灭的命运。夏衍的笔像是一把锋利的手术刀,解剖着那个时代的"脓疮",对那个社会进行"刮骨疗毒",把他的所见、所闻、所感、所想以形象的方式记录下来,他要告诉世人那里的世界究竟是怎样的世界,是怎样的真相,进而呼唤善良的人起来抗争。1959年,夏衍在《从〈包身工〉引起的回忆》中写道,他"感到'灵魂的震动'""感到愤怒""觉得非把这个人间地狱揭发出来不可"。

在作品中他非常关注那些不起眼的"小人物",正是这些所谓的"小人物"身上最能够体现出人性的光辉,通过不断对"小人物"的深入观察、细腻体会和用心描写,使作品中的"小人物"在特殊的社会环境中凸显成为"大角色"。

当然,作品中还交代了一些背景材料等,教学中,教师要把"包身工"现象放在当时的社会历史背景下去思考,引导学生理解造成底层人民苦难的根本原因。

最后，本课设计重视作品主题的深刻性，启发学生在通读、泛读、细读的过程中摘录心得，写下感受，获得感悟。作品《包身工》展现的是旧中国劳动人民的苦难，揭示中国革命的意义。作者夏衍深入"包身工"生活的真实场所，细心观察，用心体会，将生活在社会底层、奴隶一般的做工女孩子的真实生活公之于众。在记叙与描写中，作者穿插交代了包身工制度的产生、发展等背景资料，这种制度的罪恶及其对年轻生命的戕害便不言而喻。在授课的同时，我们要引导学生深刻认识革命历程，激发奋斗向上的精神力量；了解纪实作品和虚构作品各自的特点和表现手法，欣赏作家塑造艺术形象的深刻功力和富有个性的创作风格。在讲解中，一方面要关注"双新"背景下对学生核心素养的培育；另一方面更要重视在"立德树人"的学科德育目标下，提高学生对生活的感悟能力，促使学生更好地融入生活实际，更好地认识历史，把握当下，树立当代中国人的文化自信，增强为社会主义现代化而奋斗的使命感和担当意识。

当然，本课在教材中承担实用性阅读与交流任务群，对于让学生学会独立阅读与理解实用性文本，学会语言简洁、逻辑清晰地用口头语、书面语进行表达交流等这些方面的设计肯定还存在不足。如何进一步更好地、更有效地将德育目标与任务群有机结合，也是需要执教者在后续课堂中再做完善和改进。

概念辨析的论述语段写作
——《乡土中国》

《乡土中国》作为高一年级"整本书阅读与探讨"任务群要求阅读的学术著作,一直是一线教学的难点。"熟人社会"与"陌生人社会"是费孝通在《乡土中国》中对举的一组相近概念。费孝通通过比较辨析,使读者深化对概念的理解。

读写融合作为一项语文教学原则,应是人文性与工具性的统一,即,既包括阅读对象在内容上的迁移,也包括对判断、推理等具体写作技巧的学习。学生由读促写,因写而再读,读而再写,最终二者合流,臻于完满。本文拟选取《乡土本色》章节中"熟人社会"与"陌生人社会"这组概念,完成将《乡土中国》整本书阅读与概念辨析的论述语段写作。

【教学设想】

(一)整本书阅读与探讨

《乡土中国》所隶属的"整本书阅读与探讨"任务群旨在"引导学生通过阅读整本书,拓展阅读视野,建构阅读整本书的经验,形成适合自己的读书方法,提升阅读鉴赏能力,养成良好的阅读习惯","通过反复阅读和思考,探究整本书的语言特点和论述逻辑"。

在初高中衔接方面,高一学生虽然在初中阶段接触过"名著导读",但该学习任务主要落脚于"名著",篇目以文学名著为主,而高中阶段《乡土中国》"整本书阅读"学习任务要求阅读学术著作。学术著作与文学名著相比,更强调逻辑性、科学性、系统性。学生容易对学术著作感到陌生,产生畏难情绪,因此,考虑到学生的阅读学术文本、理解学术概念的实际能力,应当设置阅读预习任务,给学生提供抓手。

(二)思辨性阅读与表达

高中新课标明确提出要"通过富有挑战的情境与任务的创设,引导学生自主开展语文实践活动",情境任务是指在具有真实生活情境背景下,为解决真实生活问题而完成的任务。同时,"思辨性阅读与表达"学习任务群主要培养学生的批判性思维能力和品质,旨在引导学生"学习思辨性阅读与表达,发展实证、推理、批判与发现的能力,增强思维的逻辑性和深刻性,认清事物的本质,辨别是非、善恶、美丑,提高理性思维水平"。高中新课标写作部分要求学生能写合格的常用议论文,且观点鲜明,具有审辨性,且所用材料能恰当证明观点,分析有一定深度。借助《乡土中国》的阅读,设置专题,教师可以引导学生在深入研读作品的基础上,思考中国乡土文化的现代意义,并通过语段写作,引导学生有理性、负责任地表达自己的观点,提升思辨性阅读和表达能力。

因此,笔者结合"思辨性阅读与表达"学习任务群,通过议论性段落写作调动学生积极性,引导学生在抓住核心概念的基础上自主思考与表达。

(三)当代文化参与及家乡文化生活

随着时代变迁,当代中国正在经受从传统农业社会向现代工业社会、从计划经济向市场经济转化的双重转型。2022年中国城镇化率已达65.22%,上海的城镇化率高达89.30%。学生容易感到困惑:书中所说"三条大河的流域都是农业区"已与家乡的实际状况不相符。

其实,乡土社会中产生的观念并没有随着技术发展而完全消失,以《乡土本色》章节中谈及的"熟人社会"为例,中国正在从传统的、乡土文化催生的"熟人社会"向更接近西方现代文明的"陌生人社会"转型,学生在日常生活中可以同时观察到这两种社会生态。

同时,必修上第四单元以"家乡文化生活"为主题,以"家乡文化生活现状调查"为学习活动,属于"当代文化参与"学习任务群,旨在"引导学生关注和参与当代文化生活,学习剖析、评价文化现象"。教学设计可以贯通第四、第五单元,在社会转型大背景下,让学生学会运用学术著作中习得的社会学概念与分析方法去关注、考察家乡实际生活状况,观察、分析现实生活中的问题,促进对现实中国的理解。

因此,笔者结合"当代文化参与"学习任务群,将"熟人社会"与"陌生人社会"这一组费孝通文中对举的概念定为话题,要求学生学以致用,基于生活观察辩证思考,自主表达。

【设计呈现】
【环节一】聚焦核心概念,自主阅读表达

教师围绕"熟人社会"与"陌生人社会"的阅读文本,设立阅读、写作、评价三个维度的任务,引导学生主动参与阅读,自主思考与表达。

学习活动一:研读文本

阅读《乡土中国》第一章《乡土本色》,理解"熟人社会"与"陌生人社会"的概念,掌握作者使用的论证方法,填写下表:

表3-4 论证方法的综合运用

论证方法	典型例子(节)	效果	阅读方法
对比论证			
引用论证			
举例论证			
比喻论证			

设计说明:

通过表格的形式帮助学生辨析整理、归纳总结文中所使用的多种论述方法,积累议论性段落写作经验。

学习活动二:援笔成章

以"熟人社会"与"陌生人社会"何者更利于社会健康发展为话题,结合当代社会生活体验,写作400字论述段落。

设计说明:

当代中国正在从传统的、乡土文化催生的"熟人社会"向更接近西方现代文明的"陌生人社会"转型,学生在日常生活中可以同时观察到这两种社会生态。结合《普通高中教科书　语文　必修　上册》第四单元"家乡文化生活",引导学生关注、考察家乡实际生活状况,观察、分析现实生活中的问题。此外,通过语段写作,引导学生有理性、负责任地表达自己的观点,提升思辨性阅读和表达能力。

教师可以根据学情与实际教学目标进一步明确要求,例如:要求学生在论述时至少使用一种所学的论证方法,在辨析概念时至少使用一次否肯式判断。

此外,教师可以提供写作支架,例如:

支架一:"在家靠父母,出门靠朋友。"(俗语)

支架二:疫情中线上店铺涨价,而社区零售店保持平价。(社会现象)

支架三:快看,全球最牛车展来了——中国高速公路车展,品种最齐备,参展数目最多的奢华车展。(摘自某平台五月一日短视频内容)

支架四:"七姑:找对象了没?主:木有。七姑:有喜欢的人了没?主:我丑。七姑:那么明天带你去相亲,抓紧快减个肥。亲戚众:饭就别吃啦。都是为你好!"(摘自《春节自救指南》歌词)

支架五:"我们走在大街上,陌生人保护我们,如警察;或威胁我们,如罪犯。我们的生命便掌握在陌生人手中。如果我们得病进医院,陌生人会切开我们的身体、清洗我们、护理我们、杀死我们或治愈我们。如果我们死了,陌生人会将我们埋葬。"(摘自劳伦斯·弗里德曼《美国法简史》)

支架六:"高龄、少子、失业、不婚、城市化,造就了这样一批人,他们活着,没有人和他们联系,他们没有工作,没有配偶,没有儿女,也不回家乡;他们死了,没有人知道,即使被发现,也没有人认领他们的尸体,甚至无法知道他们姓甚名谁,他们的人生被总结为寥寥几个字的遗骨认领布告,他们被称为'无缘死者'。"(摘自日本NHK采访词)

学习活动三:反躬自问

结合论述语段发展性评价量表,完成自评与互评。

表3-5　论述语段发展性评价量表

评价维度	评价指标（分值）	等第
论点与论据	观点是否正确（10）	
	观点是否鲜明（10）	
	论据选择是否合适、有针对性（10）	
	论据分析是否充分、围绕论点（10）	
论证与结构	思维是否具有审辩性、考虑双方（10）	
	论证过程是否层次清晰、有逻辑（10）	
	是否使用论证方法（5）	
	论证方法使用是否有说服力（10）	
语言与表达	语言是否清晰流畅（10）	
	表述是否客观严谨（10）	
	是否使用否定式判断（5）	
备注：共100分，100～90分为A级、89～75分为B级、74～60分为C级、59分及以下为D级		

设计说明：

紧扣议论性段落写作特点，有针对性地引导学生在实践、反思中加深对方法的理解。学生所阅读的内容与方法即写作训练时的评价标准。同时，互评也利于学生间交流互助。

【环节二】评点典型案例，领略思辨魅力

学习活动四：评点段落，掎摭利弊

此环节为学生完成课前预习作业之后，教师展示学生习作与自评，组织学生学习、讨论，并指导学生点评、修改。其优处可资借鉴，其失处有则改之，无则加勉。

1. 语段点评：论点与论据

规范议论文写作应该论点鲜明，论据充分，围绕论点展开，议论性段落亦然。因此，教师宜引导学生首先从论点、分论点是否明确，论据与论点是否匹配两点考察语段写作。

在实际生活中，"熟人社会"与"陌生人社会"间可选的评论点有许多，例如，熟人社会中，讲究"人情"，从中产生的人际关系也较为温情。个人处在其中，获得社会支持，有安稳感与归属感。但熟人社会中，有时难免为烦冗人情所累，集体凌驾于独立个体之上，造成对个体自主选择、自主生命的挤压。同时，攀关系、讲交情也可能导致社会不公平。而陌生人社会借助规则、契约建立社会关系，尊重个体的独立性与自主性，尊重人与人之间的边界感，一定程度上保障社会公平公正。但陌生人社会的人际关系可能异化为简单、冰冷的货币关系，带来失去依靠的焦虑感、孤独感与漂泊感。

2. 语段点评：语言与表达

议论性段落的写作要求学生的思维具有审辨性、逻辑性和深刻性，能认清事物的本质，而《乡土本色》中正是借助否定式判断，通过概念辨析来辨明核心概念"熟人社会"，例如：第12段中，作者通过"并不是……""而是……"，辨析"选择得来"与"先我而在"，指出乡土社会的乡民居于先我而在的熟悉的环境。第13段中，作者通过"不是……""是……"，辨析规矩与法律，指出乡民从熟悉的环境中得到的是从心所欲而不逾的规矩。第14段中，作者通过"并不是……""而是……"，辨析重视契约与熟悉规矩，指出规矩的存在使得乡土社会不需要法律。

否肯式判断这一表述方式可以成为学生训练概念辨析时的一大抓手，教师可以引导学生通过文本中的否肯式判断来明晰费孝通所指称的"熟人社会"与"陌生人社会"概念，在把握核心概念的基础上，通过语段中是否使用否肯式判断作概念辨析来考察语段写作。

3. 语段点评：论证与结构

论证方法的综合运用是帮助写作者增强论述说服力的有力工具，教师可以引导学生在完成表1的基础上，通过是否使用多种论证方法来考察语段写作。

设计说明：

此环节主要通过学生习作的展示与修改，从论证方法的综合运用和否肯式判断辨析相近概念两个点来帮助学生深化论述，增强说服力，提升议论性段落的写作能力。

学习活动五：提升认知 审思明辨

我们以"熟人社会"为例，选取了两则材料：

"21世纪，商业社会将你的朋友定义扩大化，朋友关系与同事关系、客户关系、上下级关系、利益关系纠缠不清。然而，你真正需要朋友援手之时，才发现所谓的熟人社会，不过是一场泡沫。当传统的人际关系被讲求效率的城市改变，大家走的是'扮熟人社会'的折中路线。"（摘自《新周刊》2011年12月28日）

"'搭子'社交，年轻人情感需求新表达：最近，一种叫'搭子'的新型社交方式在年轻人中盛行，成为情感需求的新表达。心照不宣的距离感、默契留守的边界感，让'搭子'们轻松地待在各自的舒适区，不必假装熟悉、也不需刨根问底。这是'搭子'社交火起来的原因，也是其魅力所在。"（摘自中工网2023年6月12日）

组织学生阅读并讨论：找出《乡土中国》出版七十五年后，当今"熟人社会"一词的内涵与外延已发生的改变。第一则材料中提出了一个新概念："扮熟人"。都市人群由于"朋友"定义的扩大化，"熟人"关系与其他利益关系纠缠在一起，明明是陌生人，却为了"关系网"而假扮为熟人。第二则材料抓住了时代痛点"搭子"社交，作为一种没有负担的轻社交，搭子们不必假装熟悉，他们之间的关系浅于朋友，又重于同事，与乡土社会中的"熟人"关系相比，是一种"半熟人"关系。"扮熟人"与"半熟人"，本质都是中国现代都市环境下，由传统熟人社会向陌生人社会转型过程中产生的变形。

以"陌生人社会"为例，我们同样可以举出事例：

"4月23日世界读书日这天，全国首家'无人书店'来了。消费者只需自动刷脸就能完成支付。据天猫未来店的小二介绍：'经过新零售改造，书店不再是一个纯粹的阅读场所，而成为一个集合书籍周边相关内容的信息中心'。"（摘自数字财经智库2018年4月23日）

随着人工智能的蓬勃发展，"无人店"已蔚然成风。天猫未来店的小二认为无人书店的优势在于它将成为一个集合书籍周边相关内容的信息中心，便于人们在此处获得信息。如今，无人书店、无人小卖部、机器人果汁铺、机器人咖啡店日渐增加，陌生人社会中陌生人与陌生人的关系，很可能也会随着技术革新异化为陌生人与陌生机器的关系。当人们只期待从店铺获取信息，售货员完全失去作为人的属性，而能够被机器取代之后，人们的情感需求又该寄托何方？

设计说明：

经由阅读分析、点评修改之后，学生对论述段落写作需要的概念辨析，对费孝通所指称的"熟人社会"与"陌生人社会"这一组概念都已有了较为具体、扎实的把握。此环节再次从核心概念入手，思考时代变迁中，概念内核的变化。

【布置作业】

（1）结合本课所学，升格自己所写的论述段落。

（2）结合《乡土本色》一章中相关概念，试分析王安忆《长恨歌》中所写的上海弄堂时期的社会生态。（《长恨歌》的节选篇目限于篇幅，不再展开）

课上学习任务单

【学习目标】

（1）理解学术论著的核心概念阐释过程，能够在比较中辨析一组核心概念的论述表达。

（2）掌握论述语段的三个核心要素（论点、论据和论证），积累论述语段写作经验。

【学习重难点】

重点：辨析"熟人社会"与"陌生人社会"这一组概念，理解核心概念阐释的要义。

难点：准确理解核心概念，写作论述语段时能把握论点、论据与论证三者之间的关系。

环节一：考察论点（是否正确、明晰）

【习作一】   【批注栏】

佳节之际，长辈逼婚、亲戚围堵的事层出不穷，"工资多少""找对象了吗"一类的问题也成了过节时不得不面对的几道难关。这种几代人传承下来的生活方式，本是乡土社会中的一大传统。如果社会一直像过去那样黏在那一块土地上，这传统或许就不是劫难，而是赐福了。可时过境迁，人们开始在更大的世界奔波。当人际关系开始流动时，青年人如同吃过御膳的农民一般，对于那些朴素寻常的便饭便感到无法下咽，宁愿不顾风险去追寻别的果实。可正是这种敢于探索的精神，才能促进人类文明的发展。依赖于熟人社会的生态难以得到进步，陌生人社会听上去冷漠无情，但或许正是在这种没有熟人的环境中，人性的光辉才更能得以体现。

我的看法：

【习作二】

我们正处在熟人社会向陌生人社会的转型过程中,而我认为这种转变伴随着历史必然性的选择。

熟人社会或许可指所有认识的人,但城市化中的合作者不同于乡土社会中的亲密深交而只为经济合作关系,因而仍为陌生人。而依据《乡土中国》,熟人社会是小农经济的产物,是小农合作中一代代形成的共同体,而现代社会的生产特征为高度分化,显然小农社会的简单合作规模不再适用。现代社会的特色是市场经济,逐利之下高周转是生产力发展的必然。因而不存在稳定关系,熟人社会便无法成立。市场的选择让人们顺应市场分工,参与良性循环,在经济运转中由陌生人在其中各环节投入,才构成了一个健康的社会。

综上,在商品经济代替小农经济的今天,社会关系的变革必然发生。

我的看法:

环节二:考察论据(是否适切、有力)

【习作三】

我认为,陌生人社会更利于社会健康发展。

熟人社会中,人与人的关系十分密切,这些无形的关系如树木的根系般支撑着我们。于是,人们开始喜欢缩在自己的"蜗牛壳"中。对于我一个涉世未深的高中生而言,这种现象并无益处。我初中六年级时,一直在舒适圈内躺平,这致使我错失许多宝贵的机会,也没有很好地实现我在这一阶段应有的人生价值。从而我们可以知道,若人人都只在自己所适应的小圈层中捆绑,不同外界共同促进与发展的话,这个社会不可能进步。所以,我们应当走出熟人的舒适圈。

我的看法:

环节三:考察论证结构与论证手法(是否结构合理、手法有效)

【习作四】

中国的社会情况逐渐由所谓"在家靠父母,出门靠朋友"演变为"在家听父母,在外靠自己"的形态,在我看来,这无疑弊大于利,至少相比陌生人社会,熟人社会是更有利于社会健康发展的。

熟人社会比陌生人社会的交流更充分。在熟人社会,人与人之间的交流是高效的,可以靠一个语气词、一个动作,甚至一个眼神就可以完成对话。这种充分的交流,形成了一种"人情味"——对于社会健康发展是极其利好的。

而陌生人社会缺少交流,会导致一系列的弊端:明神宗被称为"大明最懒皇帝",极其怠政倦朝,28年不与朝臣交流,导致了明朝逐渐走入绝境。再与齐桓公庭燎招士,从而九合诸侯,唐太宗从谏如流,形成"贞观之治",可见:熟人社会的充分交流是比陌生人社会更有利于社会发展的。

我的看法:

【习作五】

一百年的风风雨雨走来,中国人民经历了太多。21世纪的中国社会正处于社会转型的过程中,我认为相比较于熟人社会,陌生人社会更适合当今的社会现状和发展。

《春节自救指南》中的"我"面对亲戚事无巨细的盘问,显得有些无从应答。他们打着"为你好"的名义,自以为是地干扰"我"的选择。这就是熟人社会的缺点所在。

一方面,陌生人社会能增强我们的钝感力,减少无意义社交。钝感力是指不敏感,不焦虑,不内耗,不胡思乱想。当下的年轻人总会被工作、学习、社交上的问题所烦恼,从而被迫陷入情感旋涡。这时候学习钝感力就能减少无意义的社交,缓解一部分压力。

另一方面,它能减少精神内耗。就拿同龄人之间的比较来说,大到成年人之间工作薪水,婚姻幸福的暗暗竞争,小到初高中甚至是幼儿园小朋友之间智商和才艺的比较,这对每个年龄层的人来说都是压力,他们从而被迫产生精神内耗。而陌生人社会中人与人之间的交流变少了,大家都把注意力集中在自己身上。

我的看法:

【课后思考】

随着时代的发展,"熟人社会"与"陌生人社会"的概念内涵也渐渐发生了改变。请结合以下材料,谈谈你对这些社会生态的变体是否有利于社会健康发展的看法。

【实践反思】

"读写融合"既是语文课程教学的理念,也是语文课堂教学的一种策略,充分体现人文性与工具性的统一,即,既包括阅读对象在内容上的迁移,也包括对判断、推理等具体写作技巧的学习。学生以读促写,因写而再读,读而再写,最终二者合流,臻于完满。"双新"课改的背景下,"读写融合"与"教学评一体化"也是语文教学改革的方向。本文拟选取《乡土本色》章节中"熟人社会"与"陌生人社会"这组概念,引导学生在《乡土中国》的阅读过程中进行概念辨析的论述语段写作，并以写作过程帮助学生深入理解《乡土中国》。

"熟人社会"与"陌生人社会"这一组概念是《乡土本色》中提出的一组对比概念。辨析核心概念的内涵，学习概念阐释的过程，表达自己的思辨性思考，都是语文学科"双新"教改中"读写融合"要求的具体体现。《普通高中语文课程标准》明确提出，语文核心素养体系由"语言""思维""审美""文化"四个维度组成。其中，"语言建构与运用"是最核心的维度，其他三个维度的素养均须以语言为载体。因此，通过围绕"熟人社会"与"陌生人社会"的写作训练与修改意见交流，我们可以引导学生在积累阅读经验的基础上，将阅读经验转化为语言的实践参与经验，在分析修改习作的过程中，反思语言活动，形成新的语言积累，从而培育学科关键能力。

本次教学设计通过课前任务，让学生先自主阅读《乡土本色》文本，并围绕"熟人社会"与"陌生人社会"这组概念进行写作表达。教师通过评价量表的设计与发放，引导学生自评、互评，完善过程性评价。教师根据学生先学的成果进行评价，分析学情，再针对学情决定教不教、教什么、教到什么程度、采用什么方式来教。事实上，学生完成文本阅读和论述语段的写作之后，我们分析习作发现，学生存在的主要问题并不是教师预设的论证方法问题，而是首先在社会生态的概念界定和辨析上就出现了问题，将"社会健康发展"简单化为"个人成长的舒适圈"或简单等同于"社会经济发展"。

于是，教学设计根据学生学情重新调整了教学内容，在学生自我评价之后，通过学生的小组互评讨论习作典型问题，深化对核心概念的认知。在这一过程中，学生通过阅读完成习作，再通过学生的写作反馈与修改积累写作经验，深化概念认知，达成对文本的进一步理解，而这种理解又将再次反哺写作，完成论述语段的修改升级，实现"读写融合"。

实录历史　多元表达
——单元研习任务[1]

高中语文选择性必修上册第一单元共入选四组六篇课文,他们分别代表党史的不同阶段,表现中华民族从站起来、富起来到强起来的伟大历史飞跃。围绕课程标准,我们对"中国革命传统作品研习",通过共读共研,融入党史学习教育,引导学生学史明理、学史增信、学史崇德、学史力行。通过联读深读,帮助学生习得单元研习方法,运用方法以进一步提升语言能力、审美能力以及思维能力。

【教学设想】

本单元是《普通高中教科书　语文　必修　上册》第一单元,属于"中国革命传统作品研习"学习任务群。

围绕课程标准对这个任务群的要求,在设计时,教师需要关注选择性必修教材的独特性和该任务群的特殊要求。首先,其与之前必修教材的区别在于更强调专题性、研究性、拓展性。专题性,即意味着任务群有一个特定的主题指向,有相对独立的"研习"项目;研究性,更强调研究这类作品内在的特质,感受其所体现出的革命精神和品格;拓展性,则是需要通过"一些"反映出"一类"作品的整体面貌,最终对这一任务群形成一个整体认识,由"一斑"而窥"全貌"。其次,进一步围绕课程标准对这个任务群的要求,我们需关注本单元以政论性、实用性的作品为主,主要反映"伟大复兴"这一人文

---
[1] 本课例荣获 2022 年教育部"基础教育精品课"部级精品课。

主题,设计中要能让学生从特定叙事中切身感受如火如荼的革命斗争和社会实践,领会革命领袖对社会斗争的深刻思考,懂得要尊重革命传统,珍惜今天的生活,并坚定自信,树立远大志向。

基于以上,教学目标定位:①确立本课教学目标,知晓中华民族伟大复兴的奋斗历程,感受作品洋溢的革命豪情和建设热情,理解作品丰厚内涵,获得崇高体验感。②通过联读课文,理解文体和语言表达的关系,学习鉴赏文章情理兼胜的语言特点,把握作品深刻的思想意蕴。本次教学重点指向学习鉴赏情理兼胜的语言特点,难点在于探究文章写作目的与富有个性的语言现象之间的关系。

【设计呈现】

导入:

在《普通高中教科书 语文 选择性必修 上册》第一单元"伟大的复兴"中,我们跟随着回忆录、演讲稿、新闻报道一起回顾了关于中国"站起来、富起来"的艰辛历程,而最后一篇关于2020中国抗疫记则代表了当下中国、中国人民的面貌,是中国"强起来"的见证,更是走向民族复兴的历史丰碑之一。

此刻,我们再次共同开启一段独特的"中国革命传统作品研习"之旅:

在喜迎伟大祖国75周年华诞之际,我校校刊编辑部将以"实录历史 伟大复兴"为主题征集稿件。邀请你参加本刊的选编工作。

说明:①创设真实情境,以创办主题专刊作为本次单元研习的主要任务,并由任务驱动真实学习的发生。②任务以"实录历史 伟大复兴"的主题设定,旨在契合本单元研习的二个主要元素。其一,围绕"伟大的复兴"这一人文主题;其二,以政论性、实用性作品为主(区别于与革命传统相关的文学作品欣赏)。

【环节一】识文体(回顾与唤醒)

结合预习,回顾梳理本单元课文,能明确本单元各篇实用性文本的体式及特征。

学习活动一：如果请你担任校刊编辑参与选稿工作，你认为以下作品能否入选"实录历史 伟大复兴"主题专刊？请做出你的判断并说明理由。

说明：①基于研习任务的指向，构建单元整体意识，再次完成对本单元各作品的梳理，进一步明确实用文中作品不同体式，能概括体式的相应特征，能摘录典型例句。②表格设计主要从文本外部语境（读者对象、发布场合）、文本主体（特定时间、内容），及文本呈现形式特征（体式特征）等三方面考虑。用填表的形式对已学课文进行再次回顾梳理，一方面表格形式比较简洁明了，另一方面，通过填表可以进一步了解学情，明确学生对单元内容的学习程度如何，掌握效果怎样。

投稿作品：

《中国人民站起来了》《长征胜利万岁》《大战中的插曲》《别了，"不列颠尼亚"》《县委书记的榜样——焦裕禄》《在民族复兴的历史丰碑上——2020中国抗疫记》《百合花》《包身工》

作品名称	读者对象	发布场合	主要内容	重要时间（或特定叙事）	作品体式	体式特征	例句
中国人民站起来了							
长征胜利万岁							
*大战中的插曲							
别了，"不列颠尼亚"							
*县委书记的榜样——焦裕禄							
在民族复兴的历史丰碑上——2020中国抗疫记							
百合花							
包身工							

《百合花》是战争题材小说（虚构），不属于实用类文本（新闻、通讯、演讲等），因此不适合入选本次的主题专刊。《包身工》是报告文学，他是用文学的语言和手法报道社会生活中的典型事件，以"包身工的一天"为主线突出

表现旧中国人民的苦难,因此也不适合入选"实录历史 伟大复兴"主题专刊。

设计说明:

通过回顾梳理本单元的六篇课文,我们初步掌握实用性文本的类别和文体特征。从作品体式看都是实用文,这是共性。但六篇又分属开幕词、回忆录、新闻等,其语言表达形式和呈现特点又各不相同。"木体实而花萼振,文附质也。"(《文心雕龙·情采》),语言的表达需要符合文体特征,语言表达形式也需要和文体类别相匹配。因此,同为实用性文本,它们类别各有差异,表达和呈现方式各不相同,可谓"同中有异,各美其美"。

【环节二】明情理(梳理与探究)

实用文的本质是公共话题的交流与对话。在交流和对话的过程中必然"动之以情,晓之以理"。本单元的六篇作品体式和语言表现各有不同,但我们从情理的角度细品,他们都有深沉情感的抒发和理性思考的表达,异中有同、有共性。我们要再次细读作品,体会作者是如何将感情抒发与理性表达结合在一起的。

学习活动二:本次"实录历史 伟大复兴"专刊入选的《中国人民站起来了》等六篇稿件,他们或以革命理论说服人,或以英雄形象打动人,或以崇高精神鼓舞人,可谓"情理兼胜"。如果你是一名编辑,能否选择一篇最能体现这一特点的作品写批注。

说明:①语言的魅力是作品的灵魂。"情理兼胜"是本单元作品的共性特点,也是研习需要关注的重点。②"批注"的写法指导,需包含语句赏析的角度选择、特点概括、情和理内容分析及表达效果等。(如下图)

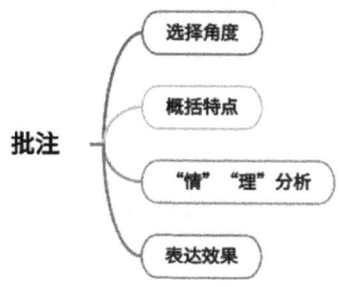

【教师示例】

例一 《中国人民站起来了》

以《中国人民站起来了》为例，讲话首先是理性的表达，通过对历史的回顾、对未来的展望，宣告这样一个不容争辩的事实；同时又不是纯客观的阐述，也有很多感情蕴含其中，这从很多语言表达中都可以感受到。比如：

（1）《中国人民<u>站起来了</u>》。

占人类总数四分之一的中国人从此<u>站立起来了</u>。

我们的民族将再也不是一个被人侮辱的民族了，我们已经<u>站起来了</u>。

批注：

使用反复的手法：先向全世界庄严宣告"从此站立起来了"，之后又重申"已经站立起来了"，掷地有声，从中提炼出《中国人民站起来了》这一标题，起到画龙点睛作用，有震撼人心的力量。"站起来"是很直白的语言，但形象地揭示出中国新民主主义革命取得胜利这一伟大成就，生动地告知全世界，中国人民从此结束了被奴役、被压迫的历史，获得了独立、民主和自由的新生活。既充满翻身做主的自豪之情，也有任重道远的理性深沉的忧患之思。

（2）开幕词中出现45次"<u>我们</u>"这个词语。

批注：

使用"我们"的主语第一人称：表明共产党人正确认识到各民主党派的性质、地位和作用，建设新中国，必须团结一切可以团结的力量，发展最广泛的爱国统一战线；也理性地表达共产党人欲与其他党派及民主人士建立肝胆相照、荣辱与共的关系。从情感看，使用"我们"还能迅速拉近演讲者和与会者的距离，强调彼此是在一条战线上的盟友，是同心同德为人民解放、国家富强、民族强盛而奋斗的共同体；还能真切自然地把"我"的见闻、经历和思想感受开诚布公地向其他党派及民主人士倾诉，使其感同身受。

（3）在人民解放战争和人民革命中牺牲的人民英雄们永垂不朽！

庆贺人民解放战争和人民革命的胜利！

庆贺中华人民共和国的成立！

庆贺中国人民政治协商会议的成功!

批注:

结尾部分的呼告,揭示所做工作的意义与价值,指出其超越当下、创造历史的美好前景;句子独立成段,用排比句直接抒情,表达对用鲜血、生命换取伟大胜利的人民英雄的悼念之情和对中国人民取得伟大胜利的庆贺之意,慷慨激昂,令人感动,将感情抒发推向高潮。

例二 《别了,不列颠尼亚》

(1)《别了,"不列颠尼亚"》。

批注:

报道的标题醒目而巧妙,倒装、借代,并且一语双关,强调的句式更突显标志性、象征意味的具体事物"不列颠尼亚"的离开,形象地宣告英国殖民统治的结束,中国民族扬眉吐气的时代的到来。既有对侵略者的嘲讽,又有民族自豪之情蕴含其中。

(2)掩映在绿树丛中的港督府于<u>1885年</u>建成,在以后的<u>一个多世纪</u>中,包括彭定康在内的许多港督曾对其进行过<u>大规模改建、扩建和装修</u>。随着末代港督的离去,这座古典风格的白色建筑成为<u>历史的陈迹</u>。

当然,最为世人瞩目的是子夜时分中英香港交接仪式上的易帜。在1997年6月30日的<u>最后一分钟</u>,米字旗在香港<u>最后一次</u>降下,英国对香港<u>长达一个半世纪</u>的统治宣告终结。

批注:

"历史的陈迹"与当下"世人瞩目"形成鲜明的对比,"大规模改建、扩建和装修"可以想见过去殖民统治时期的张扬与傲慢,对比此刻的人去楼空,暗含我们的扬眉吐气。"1885年""1997年""一个多世纪""一个半世纪",从时间上反复强调被殖民统治之久,连用三个"最"字更是向世人展现这一重大历史时刻,理性的表达中饱含百年屈辱得以洗雪时的激动与自豪。

设计说明:

"故情者,文之经;辞者,理之纬。经正而后纬成,理定而后辞畅。此立文之本源也。"(《文心雕龙·情采》)语言是文本外显的表达形式,词语、句子的变化,多种表现手法的运用,其指向的始终是文本的情和理。学习本单元的课文,我们发现,实用文中的"理性表达",呈现的是客观真实,而其中流露的情感态度、政治观念、倾向立场,则是隐藏的"情感抒发",两者相辅相成,相得益彰,可谓"情理兼胜,美美与共"。

【环节三】得深意(表达与建构)

本单元各文本中语言表达既丰富多样又有独特个性,在比较、分析、理解、鉴赏的基础上,进一步合作共学,深度研读,探究文本语言与写作目的之间的关系。

学习活动三:请你组织一次编辑统稿会,大家对所选稿件进行深入研讨,并选择为其中一篇入选作品写一段评点文字,作为"编者按"

(教师提供)学习支架:(如下图)

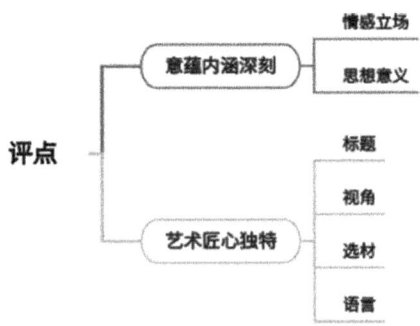

说明:①学写评点是对"中国革命传统作品研习"的学习成果展示方式之一。具体而言,作为一名专题刊物的编辑写"编者按",首先,我们需要明确"编者按"要求言简意深,起到画龙点睛的作用,既可以针对文中的观点或材料表达编辑部的意见,又能做到有普遍指导意义,提示要点,加以引导,向读者推荐、扩大宣传效果。基于此,更需要编辑能全面理解和正确把握作品的思想内容和意义,不仅仅是停留在知道作品中所叙述表达的事件过程内容,而是要能更深层思考、更深入把握、更深刻体会作者通过事件的叙写中所饱含的深层内蕴、思想情感,重大事件所具有的重大意义和价值。②从写法角度而言,教师需要给学生提供学习支架和思考路径。其一,从作品内容角度要能明确作者的情感立场和作品的意义价值;其二,从写法特点上突出其亮点,如视角独特性、精心选材、标题和语言表达等角度,显示作品独到匠心之处。③从读到写的实践,实现本次研习任务的进阶,由表及里逐步内化感悟提升的过程。从初读、浅读、泛读到深读、深思、深研的渐进过程,目的旨在引导学生通过回顾中华民族百年辉煌历程,能更深刻、更宏观地理解和把握作品的思想意义和现实价值,读懂作品文字背后所蕴含的深意,读懂作者在文字背后所寄寓的"隐藏"的写作目的,明理增信、崇德力行。

【教师示例】《在民族复兴的历史丰碑上——2020中国抗疫记》

这是在《人民日报》发表的一篇新闻通讯,综合叙述了我国抗击新冠肺炎疫情斗争取得的重大战略成果,深入总结取得胜利的原因,深刻反思抗疫斗争的经验教训,展现出恢宏阔大的气魄和催人奋勇前进的力量。(标题)"丰碑"即高大的石碑,比喻不朽的杰作、伟大的功业,尤指值得记载或保存的成就。将2020年中国抗疫写在民族复兴的历史丰碑上,鲜明地指出抗击疫情彰显中华民族伟大的精神品格,升华了抗疫斗争的历史意义。(选材)作者站在全局的高度,不同层次地叙述方方面面的事实,(视角)叙述角度由内而外、由己及人,体现全球视野,格局宏大,不仅呈现全面性和立体感,更在记事与思考中呈现厚重感和深刻性。(语言)作者善用名言、诗句、格言式句子,富有诗意,凝练典雅,饱含深情,增强文章的表达效果。

设计说明:

语言不能脱离文体而独立,它以文体为依托,并伴随着文体特征而形成独特的表达形式。每一种文体与语言表达之间都有隐含的真实关系。而一篇文章语言风格的生成,不仅是因作者的个性决定的,也与作者面对的受众对象及发布场合等因素有关,更与文章要表达的主旨和写作目的密切相关。

刘勰对于情感、体裁、文势三者关系提出美学观点："夫情致异区，文变殊术，莫不因情立体，即体成势也。"(《文心雕龙·定势》)即表达人的思想感情不同，写作文章的方法上也有各自的变化，总的规律都是依照内容来选定体制，循着体制来形成文势。以此再来研读品味这六篇课文，我们应该充分感受到手法与表达、目的与内容之间的适配性，这应该就是作者的匠心所致。

课堂小结：

这节课，我们共同回顾百年历史，也见证伟大复兴之路。在编校刊担任编辑的任务驱动中，我们辨识实用类文本的体式差异，在细读过程中学会分析情理兼胜的语句，最后以写评点的方式，实现从读到写的实践，实现本次研习任务的进阶，更是实现对作品内化感悟提升。识文体—明情理—得深意，我们在回顾中华民族百年辉煌历程中，更深刻、更宏观地理解和把握作品的思想意义和现实价值，读懂作品文字背后所蕴含的深意，读懂作者在文字背后所"隐藏"的写作目的，明理增信、崇德力行。

今天的"中国革命传统作品研习"临近尾声。对于研习，它一方面要求我们要有更强的自觉性和自主性，另一方面还需要我们研究、深读，读语言、理思维、感审美、悟文化，习得方法，运用方法来提升自己的语言能力、审美能力以及思维能力。希望今天课堂的这段学习经历能给同学们带来帮助和收获。

【布置作业】

"一个有希望的民族不能没有英雄，一个有前途的国家不能没有先锋。"（习近平）

我班拟创办一份"走近时代楷模"的主题班刊，鼓励同学学习先进，见贤思齐。请你为本次班刊遴选作品，批注评点，并合作编辑文集。

作品推荐：

《喜看稻菽千重浪——记首届国家最高科技奖获得者袁隆平》沈英甲

《"探界者"钟扬》叶雨婷

《心有一团火，温暖众人心》林为民

《青蒿素：人类征服疾病的一小步》屠呦呦

《在全国劳动模范和先进工作者表彰大会上的讲话》（2020年11月24日）习近平

《党徽辉映逐月梦——嫦娥四号任务"幕后英雄"风采录》邹维荣　韩阜业

《张桂梅：用大爱筑起师德丰碑》王永刚　和茜

《听党话跟党走,是我一辈子的承诺》申纪兰

课前学习任务单

（1）通读第一单元，阅读"单元导语""课文""学习提示""单元研习任务"，尝试把握教材单元架构特点。

（2）回顾梳理本单元课文，能明确本单元各篇实用性文本的体式及特征。（填表）

作品名称	读者对象	发布场合	主要内容	重要时间（或特定叙事）	作品体式	体式特征	例句
《中国人民站起来了》							
《长征胜利万岁》							
*《大战中的插曲》							
《别了，"不列颠尼亚"》							
*《县委书记的榜样——焦裕禄》							
《在民族复兴的历史丰碑上——2020中国抗疫记》							
《百合花》							
《包身工》							

（3）细读课文，完成阅读自我评价量表。

自我评价量表

在___月___日到___月___日间我共完成了___篇作品的阅读批注。

1. 我的阅读方式属于___。A. 略读 B. 跳读 C. 精读 D. 研读
2. 我选择最能体现"情理兼胜"特点的篇目是___。
A.《中国人民站起来了》B.《长征胜利万岁》C.《大战中的插曲》D.《别了，"不列颠尼亚"》E.《县委书记的榜样——焦裕禄》F.《在民族复兴的历史丰碑上——2020中国抗疫记》
3. 我共做了___处批注，我认为这个数量___满足任务要求。A. 足够 B. 可以 C. 无法
4. 我能够结合文体特点，分析作品中情和理的表达特点。A. 是 B. 否
5. 我能够从两处甚至更多的角度分析作品中的情和理。A. 是 B. 否
6. 对作品"情理兼胜"的特点做批注，我觉得___。
A. 困难很大 B. 勉力能够完成 C. 比较轻松就能完成
7. 我愿意与同学分享我的批注点评。A. 是 B. 否
8. 整体而言，我给自己的评分是___分。（满分为5分）

课上学习任务单

【学习目标】

（1）知晓中华民族伟大复兴的奋斗历程，感受作品洋溢的革命豪情和建设热情，理解作品丰厚内涵，获得崇高体验感。

（2）联读课文，理解文体和语言表达的关系，学习鉴赏情理兼胜的语言特点，把握文章深刻的思想意蕴。

【学习情境】

在喜迎伟大祖国75周年华诞之际，我校校刊编辑部将以"实录历史 伟大复兴"为主题征集稿件。邀请你参加本刊的选编工作。

【学习活动一】

如果请你担任校刊编辑参与选稿工作，你认为以下作品能否入选"实录历史 伟大复兴"主题专刊？请做出你的判断并说明理由。

遴选作品：《中国人民站起来了》《长征胜利万岁》《大战中的插曲》《别了，"不列颠尼亚"》《县委书记的榜样——焦裕禄》《在民族复兴的历史丰碑上——2020中国抗疫记》《百合花》《包身工》

【学习活动二】

本次"实录历史 伟大复兴"专刊入选的《中国人民站起来了》等六篇稿件，他们或以革命理论说服人，或以英雄形象打动人，或以崇高精神鼓舞人，可谓"情理兼胜"。如果你是一名编辑，能否选择一篇最能体现这一特点的作品写批注。

我的批注：
_____
_____
_____

【学习活动三】

请你组织一次编辑统稿会,大家对所选稿件进行深入研讨,并选择为其中一篇入选作品写一段评点文字,作为"编者按"。

我的评点:

_____

_____

_____

【附(四)】"评点短文"写作的评价量表

评价维度	具体内容	自评 ☆☆☆☆☆	互评 ☆☆☆☆☆
内容理解与分析	把握作品思想内容及现实意义		
	理解作者情感立场与态度		
写作技巧与表达	结构合理		
	手法多样		
	选材恰当		
	语言准确		
	标题设计		
多维思考与创新	见解独到		
	多维思考		

【推荐学习资源】

1. 音像资源:中国人民政治协商会议第一届全体会议开幕式视频;经典歌曲《东方之珠》;1997年香港回归视频。

2. 李润波《长征记忆》(广东人民出版社2016年版)

3. 姚远方《日本小姑娘,你在哪里?》(1980年5月29日《人民日报》)

4. 崔士鑫、王志锋《中国人民从此站起来了(奋斗百年路 启航新征程)》(2021年2月8日《人民日报》)

5. 卡尔·齐默《病毒星球》(广西师范大学出版社,2019年4月版)

【实践反思】

如何基于单课，进一步落实大单元的梳理和统整，有效实现单元整体性教学，一线教学的教师对这样一个命题始终存在些许困惑和畏难情绪。

一、重视教材编写意图及教材要求。《普通高中教科书　语文　选择性必修　上册》第一单元，首先从教材编写意图来看，本单元主要面向以写实为主的反映革命传统、革命精神、革命榜样的作品学习，既要实现培养语文核心素养的教学目标，同时也要对学生予以革命传统教育，让学生树立爱国情怀、责任担当和文化自信等。其次，我们从单元导语所描述的内容中，也会发现，本单元中的文本所涉及的文体较为丰富，需要引导学生"把握不同体式作品的风格特点，学习写作技巧，欣赏富有时代特征的表达艺术"。

二、充分理解"研习"任务的要求。何谓"研习"？我想，"研习"更指向研究性学习任务目标。"研"更要求研究面向的广度，探究思考的深度和学习任务的成果质量，"研习"任务的提出对学生既有真实性和挑战性，同时也具有一定的开放性和探索性。更进一步来说，选择性必修教材的单元任务要求由先前的"学习任务"转化为"研习任务"，就更需要教师清晰地把握，深刻地领悟，如何正确地面对这一"单元研习任务"，在设置真实的语言运用情境过程中，帮助学生在真实的学习过程中完成任务，实现学习目标，在设计中准确地定位、深入的思考、全面地把握，这也是教师对语文学科新课程标准的解读的教学素养的体现。

三、在情境任务中实现读写融合。本节课的设计主任务是校刊编辑部编写校刊，背景设置是喜迎国庆，而编刊的主题定位在"实录历史　伟大复兴"，围绕这一主题校刊编辑部开展"征稿—组稿—评稿—编稿"的工作，而我们的教学活动的设计，则形成了三个具体的语文活动，即：选稿、评稿和撰写编者按。要达成这一任务目标，首先需要学生在读通文本的基础上予以梳理，批注点评需要学生再回到文本细读理解，最后给文本写编者按更需要学生形成在深读中，从理解到鉴赏评价的能力，这样的任务过程一般顺序是有一定的逻辑理路的，存在一定的客观性和合理性，也充分符合学生的认知规律。这一设计跳脱了以往为读而读，为写而写的单一化固定模式，在任务的进阶设计中，从读到写，再由写回归文本，任务的不断提升难度，使得学生对文本的理解和思考也逐步的深入和细致。

　　四、全程融入评价的学习方式。教学设计必须考虑到学情，一方面是为了能够有效激发学生的学习热情，另一方面也是为了能将学习兴趣与扎实有效的学习效果有机地结合起来的。这一设计的教学实施，经历了两轮教学实践，在第一轮教学时，忽略了评价这一重要环节，作为一个完整的教学设计方案，肯定存在不足和欠缺。当第二轮再次进行单元教学时，我予以改进和完善，就重新加入了"自我学习评价"和"评点短文"写作的评价量表，让学生对标学习成果自评和评价量规更清晰自己学习的层级和效果如何。以何种形式参与活动，如何帮助学生通过构建评价指标，参与评价体验，形成评价反思，来提升自己的语文学习水平，在第二轮的教学中更重视融入评价的学习过程，也可以说是更好地完成了一个完整教学设计的应有之义。

登临感怀诵诗味 "双线"融合读经典
——《登岳阳楼》

《登岳阳楼》隶属《普通高中教科书 语文 必修 下册》"古诗词诵读"专栏中选篇之一。本课教学设计基于"读写融合"发展理念,创设读与写的真实情境,读写任务不断驱动,推动学生在读写活动中会读会写、善读善写。课堂上学生诵读感悟以理解作品的诗意诗情,品读与交流中分享学习成果,研读思辨中更深入探究经典作品的文化深蕴。以诵读为起点,以品读为基础,评点写作呈现反馈,并且借助数字化工具等配合教学,课堂教学实现语文读写融合目标的一致性,读写融合教学与线上线下混合教学相结合,更充分显现"融合"教学的意义和探索价值,读写融合发展的未来之路还将继续。

【教学设想】

《登岳阳楼》是《普通高中教科书 语文 必修 下册》"古诗词诵读"专栏中的选篇之一。基于"读写融合"的理念和策略,教学设计从文本出发有二个方面思考:

第一,从文本出发,找到文本与学生之间的结合点,使这个点既是诗歌教学的重点,也是学生学习的难点,这个核心点究竟设置在何处,需要针对学情,认真评估,准确把握。先查找诗作相关背景,此诗是杜甫晚年离蜀后漂泊西南之作,人生漂泊流离失所,诗人一般会借所见所闻以表达所思所感,所以,《登岳阳楼》诗中的雄伟壮阔之景与诗人个人的身世悲凉之感及对国事的忧心,三者之间的关联与深层内蕴理解,可以设置为本课教学的一个重点。

第二,诗人杜甫在唐时期的文学成就历来被高度赞誉,《登岳阳楼》因诗歌语言朴素、"忠厚缠绵"(《四库全书总目》卷173)的特点,古朴而浑厚的现实主义诗风,也被誉为唐诗上乘之作。那么,由此可以再进一步深入思考,古代文人为何要登高临远而赋诗作文,文人登高赋诗的情感内核是什么,"登高临水"而创作的文化传统背后存在何种审美意义和价值内涵。引发的这些问题思考,从一首诗《登岳阳楼》中来,但是又更好地带领学生走向更广阔的唐人登高诗,文人登临传统的意义开掘与理解,旨在引导、启发学生学读一首诗,从而能走向理解掌握一类诗,从一个诗人作者,走向更多的诗人群体,在文学知识的海洋中畅想遨游。迁移转换能力是学习的关键,就诗论诗、就文论文的机械教学,不是学生的需要,也不是教学的目的。

另外,面对大数据时代,本课在设计中也考虑结合数字化教学,在教学环节设计中考虑尝试利用网络平台、大数据反馈及学生学习空间等因素,在教学中"双线"融合,期待整个学习过程能更精准化、可视化、高效化。

本课的学习目的定位在鉴赏杜甫诗歌《登岳阳楼》所独有的景情关联,把握诗人杜甫登高临远之作的特点,深入探究理解文人登高赋诗的文化传统。学习关键重点落在分析理解诗歌壮景与悲情间的关联,而难点突破在于探究理解古代文人登高赋诗的原因。

【设计呈现】

导入:

"先天下之忧而忧,后天下之乐而乐"出自范仲淹的经典名篇《岳阳楼记》,然此记并非他亲临此楼时所作,而是贬放河南邓州时所写。范仲淹想象自己登楼远眺,借景抒怀,深沉地表达自我人格理想的最高境界。在登临感怀中有所寄予,是中国古代文人历来的传统。

伟大诗人杜甫也曾作诗歌《登岳阳楼》,写的也是诗人登临岳阳楼的感兴。今天,让我们一起走近杜甫的诗歌《登岳阳楼》,继而一起再品读古代文人的其他登临之作,诵读经典,品味诗之意、诗之情、诗之旨。

【学习情境】

近日,我校高二年级学生奔赴全国各地,开展了丰富多样、各具特色的文化研学活动。尤其谈到"登泰山之巅 沐孔孟之风"的齐鲁之行,给同学们留下了深刻的印象。他们登高临山,或远望日出日落,山势连绵;抑或近观草木鸟兽、石刻古迹,登临过程让他们感触良多,也收获满满。因此,研学归来,文学社的社员们又拟组织一场"古诗诵读与品鉴"专题研讨会,会上将请同学们共同诵读经典古诗,并专题交流和品鉴古代文人的登临诗作。

设计说明:

本诗是《普通高中教科书 语文 必修 下册》"古诗词诵读"专栏中的选篇,本课设计的学习目标定位是通过读懂杜甫的《登岳阳楼》,进一步引导学生深入思考和探究古人登临诗作的共性和差异。由此,学习主任务的设置背景充分考虑学生校园研学活动的实践经历,基于现实生活的真景真境,又结合本诗作的内容及写法特点,激发学生的真情真感、真学真悟,在一场诵读和品鉴的专题活动中表达自己学习古代诗词过程中,不仅有所积累、有所习得,更是获得文化审美体验和思维品质的提升发展。

【环节一】诵读与感悟　理解诗意诗情

学习活动一:进入"古诗诵读与品鉴"专题会的第一环节——诵读古人"登高"诗,评选最佳朗诵表演者。

依据课前学习任务要求,在智学网平台对同学的朗诵表现进行综合评价,请最佳朗诵表演者现场表演。现场师生也可现场对朗诵者进行评价反馈。

设计说明:

此环节设计主要有二个方面的思考:第一,给学生创设情境,提供良好适切的学习环境氛围。在诗词诵读过程中,能够更好地了解学生的学习基础,学生之前对于古代经典作品积累程度如何,朗读评分环节也可以让教师更准确地把握本节课学习的节奏和进度,基于真实学情基础开展教学。第二,借助工具,利用数字平台,从"读"引入学习,以"评"带入学习,在自学互学、互动互评过程中激发学习兴趣,实现精准教学起点。

【环节二】品读与交流　分享文学短评

学习活动二:"古诗诵读与品鉴"专题会的第二环节——共读赏析杜甫

《登岳阳楼》，"我"是最佳点评人。

方法指导：

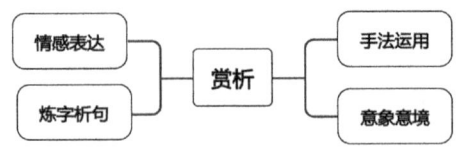

示例参考：（可从炼字的角度，赏析理解颔联中的"坼"与"浮"。）

一般登楼之人，尤其是登临岳阳楼上之人，目力所及是无法窥见吴楚大地全貌的。杜甫在这里刻意夸张颔联：吴楚被洞庭湖分成东南两片，而天地也就在这片水面上日日夜夜地沉浮。句中的"浮"字，不着痕迹地使苍茫大地顿时呈现轻盈之感，而又在与"浮"对比中，进一步反衬洞庭湖的极目无垠且深沉浑厚了。为了更好地理解这二个词语，我们可以将杜甫本诗的颔联句，与曹操的《步出夏门行·观沧海》进行比较，有人推测杜甫可能是受到曹操的影响。诗中写道："秋风萧瑟，洪波涌起。日月之行，若出其中。星汉灿烂，若出其里。"曹操的表达比较朴素而直接，两次用"若"以体现此景此境的不确定性；而杜甫在这首诗中更是直接将这种假定性从字面上省略。同样是"浮"，我们可以再将其与王维的《汉江临泛》作比较："郡邑浮前浦，波澜动远空。"波澜涌起造成城市（郡邑）的浮动之感。用"浮"，也可能是唐代诗人普遍喜欢用到的词。再看杜甫，诗中所描写的乾坤、大地和天空日日夜夜地浮动，想象的气魄更为博大。这不仅表现了湖面的浩渺起伏，而且体现了精神空间的宏伟和辽阔。

诗人在登高的场景中，把自己的情绪放在尽可能宏大的空间中，使感情显得宏大，这是杜甫诗歌的一大独特点。由此，诗歌的这一联，也得到历代诗评家的喝彩："气压百代，为一方雄浑之绝"（陈伯海《唐诗汇评》）。当然，值得注意的是，现实主义诗风的杜甫并不完全停留在这种高亢音调之上，他常常会由高至低，由历史到个人，不断加以转换变化。

学习活动三：从共读赏析，再进一步细读品鉴。

有人评价此诗："前半景如此阔大，五六自叙，如此落寞，诗境阔狭顿异。"那么,如何理解本诗的壮景与悲情之间的关联呢?请从"景情"关系的角度,写一段文学短评。

要求:"文学短评"提交在智学网"作业栏",以便同学们学习交流,点评留言。最后文稿录入智学网平台的"我的学习空间"。

方法指导:

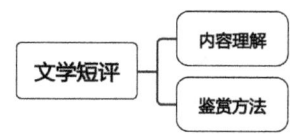

示例参考:

● 内容理解

首先,诗人将个人置于大境界中。明明是个人的痛苦,或有关亲朋离异的,或有关自己健康恶化的,可能这些还只是小痛苦,但是诗人却把它放在宇宙(乾坤)和时间的运动(日夜浮沉)之中,这种气魄就显得更加宏大而深沉了。

其次,将个人与家国命运相联系。诗人杜甫总是把自己个人的命运、亲朋离散、老病异乡和远在视线之外的战乱(戎马关山)、国家的命运联系在一起。境界宏大,以深沉的情绪起伏来调节诗人自己的情感节奏。"阔狭顿异",即情绪的大幅度起伏变幻,事实上这也是杜甫本人所说的"沉郁顿挫"。

我们可以再比较他的另一首诗歌《登楼》,其中写道"花近高楼伤客心,万方多难此登临。锦江春色来天地,玉垒浮云变古今。"杜甫个人的"伤心"总和"万方多难"的战乱结合在一起,这些内容都使得他的悲痛有了社会的广度。事实上,杜甫的气魄、杜甫的深度,就是由这种社会历史感、宏大空间感和悠远的时间感三维一体地构成的。换作他人即便有登高的机遇,也不一定能表现出这种独特的宏大和深沉的精神力量。

● 从鉴赏方法角度

首先,重点突破通过最具表现力的词语感受景中之情。

其次,知人论世的理解诗人的情感。(整体把握)

叶嘉莹说:"只有把他全部的诗作为一个整体来认识,将他不同时期所写诗结合他不同时期的生活来理解,才能认识一个比较完整的杜甫。"也就是说要想真正理解杜诗,必须做到二点:一要知人论世;二是不能就诗论诗,要把杜诗作为一个整体相互印证、诠释。

"杜甫诗中真挚、深厚、博大的家国情怀与担当精神。这份对国家、对人民的真挚深刻的感情正是杜甫诗中蕴含的感发激励的生命,这生命是诗人一生去追寻、实践的生命,并不是一种花哨的口号。"[1]

设计说明:

从读到写,是本环节设置的核心。诵读诗歌,读出音韵节奏之美是一个方面,而在理解的基础上还要能读出诗人的情感那就是又一层深入。因此,诵读之后结合教材要求的学习目标,让学生学写"文学短评",不仅要从文本细节、脉络结构、手法特点等角度去品读鉴赏,更要在短章写作中充分理解、准确全面地表达,写作表达基于读的过程体验,而读的学习实践更好地促进写作输出,读写目标的一致性也是读写融合的必然,融合的意义也即在此。

【环节三】研读与思辨 探究文化深蕴

唐代是中国诗歌的巅峰,登高而赋诗不止杜甫一人,同是登临而诗境有别,让我们一起再来探究古代文人登高的复杂情感和深层原因。

学习活动四:"古诗诵读与品鉴"专题会的第三环节——研读诗歌,探究古代文人为何往往登高感怀、登临而作?

要求:在智学网平台上输入自己的理解,通过提供的关键词,建立联系加以编辑,最后利用软件工具形成一个思维导图。

参考:

古代文人登高赋诗,内容大体包含思亲怀友、羁旅迁谪、讽喻写实、怀古抒情等,不乏与个人身世、人生经历、所处世道相关。由此,我们从知人论世来看,结合诗人这一个独特的个体与其所处的社会现实关联,我们或许可以从中有所启发和理解。

首先,在转换视角与多维观察中畅怀抒感。登高可以望远,可以畅怀,

---

[1] 出自叶嘉莹《叶嘉莹说杜甫诗》。

可以激发文思,也可以更真切感触宇宙。登高后会产生远志遥情,遗世独立的孤独感,以及个体在无尽空间和时间中的渺小感。登览者可以从一个新的角度对历史、现实展开思考,对自我的生存状态和生命质量进行审视。

早在先秦时期,人们已经注意到时空的存在,以及它与人的关系。"上下四方曰宇,往古来今曰宙"。"宇"就是空间的存在,"宙"就是时间存在。这就是中国古人对时空的基本认识。中国古人对宇宙的观察方式是"仰观俯察",它所产生的效果是平和静谧。

宗白华《美学与意境》:"空间在这里不是一个透视法的三进向的空间,以作为布置景物的虚空框架,而是它自己也参加全幅节奏,受全幅音乐支配着的波动。这正是抟虚成实,使虚的空间化为实的生命。于是我们欣赏的心灵、光被四表,格于上下。"

时间和空间的融合程度及其内含的情感浓度,与创作者所处的位置也是有紧密关系的。站在平地上是一种感觉,站在高台或高楼之上,又是一种感觉。登高望远首先是一种空间的变换。高,是空间由下而上的垂直伸张;远,是空间由点到面的无穷扩展。高和远结合起来就是一个超平面的三维空间组合。人登高之后,大抵经历了这样一个过程:由低到高,由小到大,由近到远。由低到高是人的位置的改变,由小到大,由近到远是人的视野的扩展。也就是,从自身到视野到景物,都随着登高而发生了变换。登览者不仅仅是对空间场景作观览,还会由对空间的观览引发对时间的思考。因此,自古以来,中国文人就有登高挥毫的习惯。

其次,寄寓个体渺小与自然无尽之感。古诗人词客,善感多思,诗人们敏锐的直觉常常能感悟到心灵世界中微漾的涟漪。每当登高望远,送目临风,更易引起无穷的思绪:家国之悲、身世之感、古今之情、天人之思,往往错综交织,所怅万千,殆难名状。中国文人的生命意识中深深暗含着悲观寂寞心理,感伤易逝情结。中国文人渴求建功立业以期不朽的生命意识乃是这一情结的本质原因。虽然有春风得意,但大多数人还是屡试不第,或官场失意。诗人们登高望远,目之所及,耳之所闻,山水风物是触媒,使登临者在这种特殊的情景下强烈意识到生命的渺小与短暂,从而悲从中来,心醉神伤,感发而赋。"使有愁者添愁而无愁者生愁"(天高地厚在无穷宇宙的空间参照下感到个体生命的渺小和短暂)。

　　再次,成为荡涤心灵与自我成长的生命哲思母题。高处因地理位置较高,所以空气清新、空灵清净、纯洁静谧。如西方哥特式建筑直指苍穹一样,高处总是让人遐想连篇,那是一种崇高、庄严、神圣和神的象征。诗人面对巍峨的高山、无边的海洋、浩渺的太空时,感到自己如此渺小,然而这也激发了奋发向上的动力,这种心理上的震荡,克服和净化自身的渺小和平庸,激励人们理解对象、征服对象、赶超对象,去探索追求饱含巨大伦理情感和深邃哲理的人生价值。此时的登高不单只是地理位置的升高,更是诗人们人格信念、修养志趣的提高和进步。高处不胜寒,可见高处是清净之地,它可以涤荡心中的尘埃,净化杂乱的思想。因而人们幻想着超凡脱俗、羽化登仙,飘飘然而归入鸿蒙之中。身登高处,必然会有不同寻常的生命体验,其渐渐演化成了"登高"所特有的象征意义。"登高、临水"带给人们无限的遐想,因而渐渐演变成一个创作原型母题。

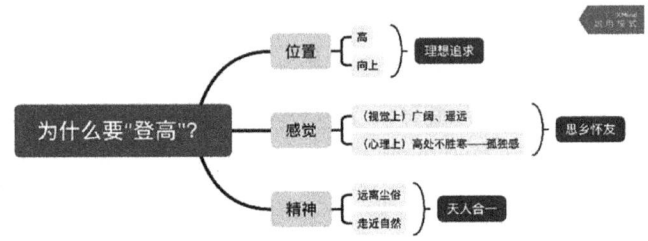

设计说明:

　　这一环节是本课学习的难点,需要学生在研读交流中各抒己见,在积极思考中敢于自我表达,所以也是在之前读与写的学习基础上,又提高一个层级的难度,驱动学生再深入探究古代文人为什么要登高赋诗的原因。抛出这一问题,意图是让学生在学习杜甫的《登岳阳楼》之后,能够学会迁移转化,去循证古代文人登高这一类诗的共性和差异。当然其背后还有古代文人登高赋诗的传统内涵。这就是读写融合学习的进阶,在融合中看到学生的发展和提升。另外,对于构建思维导图的设置,其意义在于将学生学习过程清晰地呈现外显,汇总学生的学习成果实现可视化,这在学习感悟诗歌的过程中,又让学生在核心素养的语言、文化、审美和思维四个方面得到同步发展和提升。

课堂小结：

孔子曰"君子登高必赋"，朱光潜先生说"艺术和实际人生的距离"。的确，拉开距离，往往能够产生美、诞生艺术，宦游文化背景下诞生的登高母题，这也是中国文人的传统文化之体现。

【布置作业】

（1）古人"登山则情满于山，观海则意溢于海"（《文心雕龙》）。课后请继续利用工具或网络查找和积累古人关于"登高临水"的诗作，并将积累的诗歌与评点文字共同集结汇编成册（或形成电子汇编册）。

（2）社团展示周期间，文学社可围绕"登高临水"的主题，再举办一次线上线下同步展示的"古诗诵读与品鉴"专题研讨会。

课前学习任务单

【学习任务一】诵读诗歌

选择以下古人登高诗作（或自选其他同主题的诗歌），将自己的朗诵录音上传至智学网，同学们依据评分量表进行自评和互评。

《登岳阳楼》	杜甫
《登高》	杜甫
《登楼》	杜甫
《登金陵凤凰台》	李白
《白帝城怀古》	陈子昂
《登鹳雀楼》	王之涣
《登黄鹤楼》	崔颢
《秋登宣州谢朓北楼》	李白
《与诸子登岘山》	孟浩然
《登百丈峰二首》（其一）	高适
《九日登巴台》	白居易
《和柳公权登齐云楼》	白居易

"古诗诵读"评分量表			
评价维度	具体要求	自评 ☆☆☆☆☆	互评 ☆☆☆☆☆
语言表达	普通话发音规范		
	语速、节奏适宜		
情感表现	正确把握诗歌内容		
	自然大方、声情并茂		
	富有韵味、有表现力		
总体效果	仪态端庄、得体		
	有适当的音乐、道具		
	表演形式有创意		

【学习任务二】梳理填表

完成以下杜甫诗歌创作时间表。

时间	作品
早期生活	《壮游》《房兵曹胡马》《望岳》《官定后戏赠》《奉赠韦左丞丈二十二韵》
安史之乱将起时	《自京赴奉先县咏怀五百字》
身陷长安时期	《哀江头》《春望》
脱身至行在后时	《喜达行在所》《述怀》《羌村三首》
长安收复后官拾遗时	《曲江二首》
自左拾遗移官华州又离华州经秦州辗转至同谷时期	《秦州杂诗》《乾元中寓居同谷县作歌七首》
居蜀及离蜀后漂泊西南时	《闻官军收河南河北》《登岳阳楼》

备注：
中学教材中选入的杜诗：
《望岳》《春望》《石壕吏》《茅屋为秋风所破歌》《羌村三首》《登楼》《登高》《咏怀古迹》《蜀相》《旅夜抒怀》《秋兴八首》

【学习任务三】

自主积累古人登高诗作，理解诗歌大意，体悟诗情诗旨。并将自己的积累录入智学网学习资料库，建立个人"学习空间"。

拓展链接：《叶嘉莹说杜甫诗》

课上学习任务单

【学习目标】

鉴赏诗歌所独有的景情关联,把握诗人登高临远之作的特点,深入探究、理解文人登高赋诗的文化传统。

【学习重难点】

重点:分析理解诗歌中壮景与悲情间的关联。

难点:探究理解古代文人登高赋诗的原因。

【环节一】诵读与感悟　理解诗意诗情

学习活动一: 进入"古诗诵读与品鉴"专题会的第一环节——诵读古人"登高"诗,评选最佳朗诵表演者。

我评选的最佳朗诵者_____

我的评选理由_____
_____

【环节二】品读与交流　分享文学短评

学习活动二: "古诗诵读与品鉴"专题会的第二环节——共读赏析杜甫《登岳阳楼》,"我"是最佳点评人。

我的评点_____
_____

学习活动三: 有人评价此诗:"前半景如此阔大,五六自叙,如此落寞,诗境阔狭顿异。"那么,如何理解本诗的壮景与悲情之间的关联呢?请从"景情"关系的角度,写一段文学短评。
_____
_____

【环节三】研读与思辨　探究文化深蕴

学习活动四："古诗诵读与品鉴"专题会的第三环节——研读诗歌,探究古代文人为何往往登高感怀、登临而作?

我的理解_____

_____

【实践反思】

在经历了教学设计的反复打磨,又在高一执教杜甫《登岳阳楼》一课之后,笔者也有很多的心得体会,写下反思,请同行专家批评指正。

首先,对于古代名篇的教学,既要立足于让学生了解名家名作,读懂经典,更要让学生懂得传承经典、弘扬优秀民族文化传统。伟大诗人杜甫在唐代历史上的文学地位众所周知,其作品多次入选教材选篇,可见他在中国文学发展史上的才学之高,认可度和地位之高。读诗学诗更在于识人悟情,懂理明意以弘扬传承文化,这是学生学习的意义所在,也是教师教学的责任担当。所以,教与学的站位肯定要明确。

当然,在理解教材选篇的学习价值基础上,我们还必须准确把握学情,构建学生学习场域,让学生在这样的场域氛围中经历一次真实的学习体验,这就是课堂教学的关键,也是真正实现了教与学相长的过程。《普通高中语文课程标准》(2017年版)对"语文核心素养"的表述突出强调了学习主体(学生)在"活动中""情境中""学习中"的真实经历,重在强调呈现学习过程。就课堂教学设计而言,这种"聚焦"关乎学习目标中的重点和难点的确立。所以,本课教学设计的背景是基于学生参加校内的"登泰山研学之旅"结束,研学归来,有了自己亲身登山临远的艰辛过程,才会在学习古人之作时易于共鸣和共情。在这样的经历之后,我们的课堂情境创设文学社组织一场"古诗诵读与品鉴"专题研讨会,专题交流和品鉴古代文人的登临诗作是有学情基础和学习体悟的。学生从课堂走向自然,再从自然回归课堂,这样的学习经历必然是成长过程中的宝贵财富,学习能力的提升、学科素养的落实也就水到渠成。

再说"读写融合",本课教学过程中始终围绕"读写"任务而展开,"古诗诵读与品鉴会"是读与写的真实情境,"评选最佳朗诵表演者""我是最佳评点人""写文学短评""分享交流探究心得"等,都是读写任务的不断进阶,课堂上始终激励学生在读写活动中学会读写,能读能写,期待更好地实现"善读善写"的目标。本课设计的三个教学环节,从"诵读感悟"到"品读交流"再到"研读思辨",既有能力发展的考虑,也有思维培养的探索,从方法指导到内涵探究,从诗歌本身的研读再到其他经典作品的文化意蕴探究,全面呈现对学生读写能力的培养,思维品质发展提升的培育,更是促进学生对文化审美的鉴赏和理解。应该说,以诵读为起点,以品读为基础,用评点写作呈现反馈,在整个设计中全面加以考量,以点连线、由点带面,贯穿起整个课堂的节点,让学生在教师精心设计的任务中主动学,互相学,合作学,激发内在的学习兴趣和形成主动学习的动力。

最后,再谈一下信息时代的数字化教学与学生的媒介素养。数字时代的技术发展,利用工具和平台,在课堂学习中积极实践,探索多层面、多维度的融合,追求达成高质量的学习效果。就本课教学而言,尝试开展"双线"混合教学。课前诵读诗歌,基于评分标准在平台互评打分,让学生可以互学互评;积累古代文人登临的诗作,在平台上建立自己的"学习空间",丰富多样的学习形式,拓展了学生的学习资源库;将课上对于探究问题的理解,输入平台,利用技术链接形成思维导图,也是得到学生学习反馈快速有效的途径,使得课堂教学更加快捷、高效,学习过程的可视化,学习成果的汇总,都是学生真实学习经历的体现。数字时代的技术辅助运用,开启了一段新型高质量的融合教学旅程。

我们常说"一课一得",一个有价值的课堂教学,应当看学生学到了什么,而不是教师用了什么手段和技术。通过本节课的教学,我更深刻地理解了文本"文路"、课堂"教路"和学生"学路"三者之间的整合关联,合理设计,辅以工具,最终是为了使学生的语文学科核心素养在学习过程中不断得到培养。

"数智"融合的逻辑之旅
——《逻辑的力量》

本节课作为"逻辑的力量"单元的第一课时,将数字化技术融入"逻辑"单元的"读写融合"教学,其选择和定位具有实验性。教学过程包括两大环节,由发现和识别逻辑谬误,到理解和掌握逻辑规律。本节课以"经济学是不是科学"为讨论话题,引入具体文本,引导学生在实际读写活动中理解和掌握逻辑的基本规律,重在语言和思维的培养,指向素养培育,体现"双新"目标。课堂中引入数字化平台和AI辅助手段,创新教学,精准教学,探索"数智"时代下如何真正让数字技术与教师实际的教学需求结合、与学生真实的学习需要结合。

【教学设想】

本节课是选择性必修上册第四单元"逻辑的力量"的第一课时,第四单元将逻辑的学习分为三个阶段:发现潜藏的逻辑谬误、运用有效的推理形式、采用合理的论证方法,本节课作为单元学习的第一课时,以"发现潜藏的逻辑谬误"为主。

学生对逻辑理论容易产生一定畏难情绪,不感兴趣。因此,课堂中从贴近学生的语言现象入手,通过活动式教学设计,面对具体的问题,运用具体的语言材料,让学生在讨论、交流中习得,在思考中学习思辨,在推论中学习推论,在论证中学习论证,引导学生在实际的语言活动中感知逻辑带来的说服力量。

虽然是初次接触系统的逻辑知识,但学生在高一的阅读和写作训练中已经接受了一定的逻辑思维训练,积累了语言实践经验,能够一定程度上发现问题,但不容易说清问题的根本所在。因此,教师应在学生已有的知识经验基础上,通过主题任务的设置,引导学生主动反思自己的语言实践活动,梳理语言现象,总结语言规律,初步形成结构化的逻辑学知识体系。

此外,课堂中借助数字平台快速统计数据,精准掌握学生讨论情况;利用同步呈现功能,整体性展示学生各小组讨论内容和进程;引入 AI 技术,提供差异化观点进行辨析,引发深度思考,通过借助现代化数字工具,探索现代教学方法,提升课堂教学效率。

【设计呈现】

导入:

"逻辑"这个词听起来很遥远,其实无处不在。我们一直在运用逻辑思维解决各种问题。在第四单元中,我们将一起踏上一场"逻辑之旅"。在旅途中,我们将学习一些系统的逻辑知识,使我们的思维更缜密,论证更严谨,语言表达更准确。

【环节一】发现和识别逻辑谬误

以下同学的说法有说服力吗?

(一)违反"同一律"

案例一:科学的研究方法,我认为主要有两种:第一是可以用理性或精确的计算描绘出自然界的客观规律,并以此作出对未来的推演。第二在于科学的结论具有准确的唯一性。由此看来,经济学不是科学……(刘铭赫)

分析:"理性或精确的计算"是科学的研究方法,"自然界的客观规律"是科学的研究对象,"对未来的推演"是科学的研究目标,最后"第二……"问题讨论的是科学的结论。后三者都不属于科学的研究方法,同一思维过程中概念和判断未能保持如一,违反"同一律"。

(二)违反"不矛盾律""排中律"

案例二:经济学的方法论是逻辑实证主义,可用经验证伪,以科学实证

的方法研究，符合波普尔、伍耳夫、陈定学关于科学的定义。可见经济学是科学。（李铭昊）

（波普尔：可以用经验证伪的理论就是科学，从逻辑上不可能被证伪的理论就是非科学。

伍耳夫：凡有系统而探其真实的教训，我皆谓为科学的。

陈定学：科学是一门揭示未知现象奥秘的学问，科学是一种独特的知识体系，科学的独特之处在于它通过实证方法产生出确实、可靠且可验证的知识。）

分析：三种定义彼此存在重叠，但并不重合，甚至相互矛盾。作者对定义断章取义，结果全盘同意，违反"不矛盾律"。假如对三种定义全盘否定，则违反"排中律"。

（三）违反"充足理由律"

案例三：经济学对社会发展具有重大指导意义。它不仅是解释世界的工具，更是改变世界的钥匙。通过经济政策制定、资源配置优化等手段，经济学理论有效促进了经济增长、社会稳定和人民福祉的提升。综上，经济学是科学。（杨利辰）

分析：隐含前提为"对社会发展具有重大指导意义的就是科学"，扩大了"科学"的内涵。由"经济学对社会发展具有重大指导意义"不能推出"经济学是科学"，不具备充足的理由，违反"充足理由律"。

小结：

"同一律"要求在同一思维过程中概念和判断具有确定性，始终保持如一。违反此定律的逻辑谬误主要有两种：混淆或偷换概念和混淆或偷换论题。

"不矛盾律"要求相互否定的判断不能同真，二者必有一假。违反此定律，可能导致自相矛盾。

"排中律"要求两个相互矛盾的判断必有一真。违反此定律会犯模棱两可的逻辑错误。

"充足理由律"要求一个被断定为真的判断具备充足的理由。违反此定律会犯强加因果的逻辑错误。

假如论述中出现了逻辑谬误，会使得论述失去说服力。

设计说明：

引导学生反思自己写作中的问题和经验，从中探究规律，理解标准，通过相对集中的逻辑训练，实现对逻辑的"理论自觉"。

【环节二】理解和掌握逻辑规律

小组讨论：阅读两则材料，完善思维导图。

参考 AI 的判断，运用逻辑的基本规律探究哪一则材料更有说服力。

通过 Classin 平台进行投票。

材料一

经济学是科学[1]

（1）对于经济学是不是科学，学界争论颇多。达尔文曾这样解释科学："科学就是整理事实，从中发现规律，作出结论。"科学的本质取决于研究方法。判断经济学是科学的主要依据在于它在对经济现象和规律的探索过程中运用了自然科学的研究方法。

（2）首先，经济学和其他自然科学一样采用实证方法，超脱了价值判断，以客观态度研究经济现象。在十九世纪之前，经济学是以道德学说的面目出现的。十九世纪中期之后，英国经济学家西尼尔和法国经济学家萨伊等努力使经济学摆脱价值判断，成为一门实证科学，走上了科学化之路。现在，实证经济学已成为经济学的主流。其次，经济学成功的运用了数学工具以确保研究方法的科学性。经济学家把经济现象作为若干经济变量变动的结果，进而分析这些变量之间的关系，探讨经济运行规律。最后，经济学在某种假设之下分析社会现象并得出结论，再用事实来检验结论，上述方法与自然科学运用的研究方法在本质上是相同的。

（3）现代经济学的历史仅二百余年，与典型的自然科学相比，它还是年轻而不成熟的，但他发现的许多规律已经对人类社会发展产生了重大影响，

---

[1] 材料选自 2022 年上海秋考卷。

英国哲学家波普尔曾对经济学的科学化作出高度评价,他认为:"尽管那些落后的社会科学还需要找到自己的伽利略,而经济学却已经历过自己的牛顿革命。"

(4)但也有人对此提出质疑:"经济学经常做出错误预测,这能是科学吗?确实经济学的预测经常失误,然而气象学作出的错误预测恐怕比经济学多得多,又有谁否认气象学是科学呢?"

示例:
1. 误用"排中律"
文章预设了非此即彼的二分法,要么是"自然科学",要么不是科学,忽视了科学概念中所涵盖的"社会科学",属于误用排中律的"假二择一"。
2. 违反"充足理由律"
第(1)段中仅用达尔文对科学的定义作为判断依据,不够全面,存在"以偏概全"。
第(3)段用"现代经济学只有二百余年"来为经济学做辩解,用"对人类社会发展产生了重大影响"来论证"经济学是科学",但二者与是否为科学之间都没有必然联系,不能推出结论,属于"强加因果"。
3. 违反"同一律"
第(4)段用气象学的类比来论证经济学是科学,"气象学是不是科学"不能推出"经济学是不是科学",属于"偷换论题"。

材料二

经济学不是科学[1]

(1)很多经济学家认为,经济学的基本研究方法与自然科学是一致的,因此经济学是科学的。还有一些经济学家认为,如同心理学、历史学一样,经济学还不能称为严格意义上的科学。其实,判断经济学是否属于科学,先要弄清科学的特征。一般而言,科学至少具备这样几个条件,一是研究对象

---

[1] 材料选自2022年上海秋考卷。

是客观的物质世界,二是研究态度力求客观公正,最大限度地摆脱价值判断的干扰,三是研究方法,主要是实证和逻辑推理。

(2)如果从这几个方面来考察,我们会发现经济学和典型的科学间还存在着较大的距离。虽然经济学的研究方法在很大程度上是采用实证、逻辑推理等方法,有着向典型的科学靠拢的倾向,但是在研究对象上,经济学和自然科学是完全不同的,自然科学研究的是无感情、无意志的物质世界,而经济学研究的是有感情、有意志的人所从事的经济活动。前者的研究对象具有机械性,只要某一条件发生变化,就会相应出现可预见的结果。但人的活动常常是相互冲突的。和物质世界的因果律相比,人类社会的因果关系要复杂得多。因此,相较于自然科学,经济学的研究结论要更为多元。在研究态度上,经济学家的研究不可能不指向自己的价值判断,不可能不存在着相当的意识形态色彩。在研究方法上,研究对象的特殊性,决定了经济学也不能完全照搬自然科学的方法,而必须找到适合于本学科的研究方法,比如田野调查法等。基于这样的认识,我们不得不承认,经济学永远无法成为自然科学意义上的科学。

(3)那么,抛弃了科学主义以后,经济学还剩下些什么呢?我认为经济学家们要努力调整心态,要意识到经济学是和历史学相似的学问。是不是可以这样认为,经济学和历史学一样,都是对人类活动的研究,研究者都会秉持一定的价值观,他们的结论也都很难具有自然科学那样的客观性,而这正是社会科学的价值所在。

小结:
总体而言,反方辩词比正方辩词更有说服力。

与正方辩词相比,反方辩词中潜藏的逻辑谬误更少。

反方辩词从研究对象、研究态度、研究方法三方面明确科学的特征,并以此作为判定标准考察经济学的科学性,与正方辩词仅以达尔文的定义作为判断依据相比较更加全面、准确。

从研究方法与科学研究不同的角度,反方辩词举例经济学独特研究方法"田野调查",推翻了正方辩词的立论基础。

反方辩词辨析了经济学与自然科学的差异,明确了经济学的社会科学属性,指出其独特价值。

设计说明:

通过相关材料的补充,引导学生梳理材料中的思维逻辑,运用规律发现逻辑谬误,并在言语活动中积极思考,运用逻辑优化语言实践。

【附】

关于"逻辑说服"的评价量表

评价维度	分值	互评得分
论点表述始终如一,概念使用准确(符合同一律)	20	
立论合理,论证无自相矛盾(符合不矛盾律)	20	
立场鲜明,论证有的放矢(符合排中律)	20	
论据充分,且证据确凿(符合充足理由律)	20	
能识别和避免逻辑谬误	10	
语言表达准确、流畅	10	
	总分(100分)	

【布置作业】

(1)课后继续与 AI 对话,收集资料。

(2)结合本节课所学,运用逻辑规律分析 AI 在表达中的逻辑错误。

课上学习任务单

【学习目标】

（1）梳理语言文字现象，发现潜藏的逻辑谬误，进而感知逻辑的力量。

（2）理解和掌握逻辑的基本规律，运用规律尝试说服，形成理性的态度。

【学习重难点】

重点：在语言实践中发现潜藏的逻辑谬误，理解和掌握逻辑的基本规律，建构逻辑经验。

难点：在具体情境中灵活运用逻辑规律，尝试说服对方，培养严谨的逻辑思维和理性的态度。

学习活动一：发现和识别逻辑谬误

以下同学的论述有说服力吗？

案例一：科学的研究方法，我认为主要有两种：第一是可以用理性或精确的计算描绘出自然界的客观规律，并以此作出对未来的推演。第二在于科学的结论具有准确的唯一性。由此看来，经济学不是科学……

我的看法：

案例二：经济学的方法论是逻辑实证主义，可用经验证伪，以科学实证的方法研究，符合波普尔、伍耳夫、陈定学关于科学的定义。可见经济学是科学。

我的笔记：

案例三：经济学对社会发展具有重大指导意义。它不仅是解释世界的工具，更是改变世界的钥匙。通过经济政策制定、资源配置优化等手段，经济学理论有效促进了经济增长、社会稳定和人民福祉的提升。综上，经济学是科学。

小结:

学习活动二:理解和掌握逻辑规律
小组讨论:阅读两则材料,完善思维导图。
参考 AI 的判断,运用逻辑的基本规律探究哪一则材料更有说服力。
通过 Classin 平台进行投票。

材料一

经济学是科学

我的看法:

(1)对于经济学是不是科学,学界争论颇多。达尔文曾这样解释科学:"科学就是整理事实,从中发现规律,作出结论。"科学的本质取决于研究方法。判断经济学是科学的主要依据在于它在对经济现象和规律的探索过程中运用了自然科学的研究方法。

我的笔记:

(2)首先,经济学和其他自然科学一样采用实证方法,超脱了价值判断,以客观态度研究经济现象。在十九世纪之前,经济学是以道德学说的面目出现的。十九世纪中期之后,英国经济学家西尼尔和法国经济学家萨伊等努力使经济学摆脱价值判断,成为一门实证科学,走上了科学化之路。现在,实证经济学已成为经济学的主流。其次,经济学成功的运用了教学工具以确保研究方法的科学性。经济学家把经济现象作为若干经济变量变动的结果,进而分析这些变量之间的关系,探讨经济运行规律。最后,经济学在某种假设之下分析社会现象并得出结论,再用事实来检验结论,上述方法与自然科学运用的研究方法在本质上是相同的。

(3)现代经济学的历史仅二百余年,与典型的自然科学相比,它还是年轻而不成熟的,但他发现的许多规律已经对人类社会发展产生了重大影响,英国哲学家波普尔曾对经济学的科学化作出高度评价,他认为:"尽管那些落后的社会科学还需要找到自己的伽利略,而经济学却已经历过自己的牛顿革命。"

(4)但也有人对此提出质疑:"经济学经常做出错误预测,这能是科学吗?确实经济学的预测经常失误,然而气象学作出的错误预测恐怕比经济学多得多,又有谁否认气象学是科学呢?"

小结:

材料二

经济学不是科学

(1)很多经济学家认为,经济学的基本研究方法与自然科学是一致的,因此经济学是科学的。还有一些经济学家认为,如同心理学、历史学一样,经济学还不能称为严格意义上的科学。其实,判断经济学是否属于科学,先要弄清科学的特征。一般而言,科学至少具备这样几个条件,一是研究对象是客观的物质世界,二是研究态度力求客观公正,最大限度地摆脱价值判断的干扰,三是研究方法,主要是实证和逻辑推理。

(2)如果从这几个方面来考察,我们会发现经济学和典型的科学间还存在着较大的距离。虽然经济学的研究方法在很大程度上是采用实证、逻辑推理等方法,有着向典型的科学靠拢的倾向,但是在研究对象上,经济学和自然科学是完全不同的,自然科学研究的是无感

我的看法:

我的笔记:

情、无意志的物质世界,而经济学研究的是有感情、有意志的人所从事的经济活动。前者的研究对象具有机械性,只要某一条件发生变化,就会相应出现可预见的结果。但人的活动常常是相互冲突的。和物质世界的因果律相比,人类社会的因果关系要复杂得多。因此,相较于自然科学,经济学的研究结论要更为多元。在研究态度上,经济学家的研究不可能不指向自己的价值判断,不可能不存在着相当的意识形态色彩。在研究方法上,研究对象的特殊性,决定了经济学也不能完全照搬自然科学的方法,而必须找到适合于本学科的研究方法,比如田野调查法等。基于这样的认识,我们不得不承认,经济学永远无法成为自然科学意义上的科学。

(3)那么,抛弃了科学主义以后,经济学还剩下些什么呢?我认为经济学家们要努力调整心态,要意识到经济学是和历史学相似的学问。是不是可以这样认为,经济学和历史学一样,都是对人类活动的研究,研究者都会秉持一定的价值观,他们的结论也都很难具有自然科学那样的客观性,而这正是社会科学的价值所在。

小结:

【实践反思】

首先,第四单元"逻辑的力量"是选择性必修上册教材中一个特殊的单元,单元中将逻辑的学习分为三个阶段:发现潜藏的逻辑谬误、运用有效的推理形式、采用合理的论证方法。本节课作为单元学习的第一课时,以"发现潜藏的逻辑谬误"为主。

高二学生在高一的阅读和写作训练中已经接受了一定的逻辑思维训练,积累了语言实践经验,能够一定程度上发现问题,但不容易找到问题的根本所在。因此,本节课基于学生学情,要求学生梳理语言文字现象,在文本阅读和自己的写作实践中发现潜藏的逻辑谬误,进而感知逻辑的力量,在理解和掌握逻辑基本规律的基础上,运用规律尝试说服,形成理性的态度。

其次,教学过程重在语言和思维的培养,通过读写活动,实现"读写融合"。

本节课包含两个主要环节。环节一是发现和识别逻辑谬误。环节一举出三则学生习作,通过对语段的案例分析,找出同学在论述中出现的逻辑谬误,并归纳总结逻辑规律。由学生自主探究语言现象,反思自己写作中的问题和经验,从中总结规律,理解标准,实现对逻辑的"理论自觉",初步形成结构化的逻辑学知识体系。

环节二为理解和掌握逻辑规律。环节二通过主题任务和小组讨论,引导学生在理解逻辑基本规律的基础上,进一步运用逻辑规律发现文章中的逻辑谬误。考虑到学生可能会对文本陌生,较难在短时间内做出判断,因此,设计中加入了思维导图的运用,通过思维导图的绘制促使学生深入阅读文本。只有读懂文本才能梳理出文章的行文逻辑,该环节通过学生的写作促进阅读,也通过写作检测学生是否准确地把握作者的思维逻辑。随后,在阅读基础上运用所学规则能有针对性地发现潜藏的逻辑谬误,感知两则材料不同的说服力度。通过学生的组际交流,我们引导学生在理解规律的基础上尝试逻辑说服,在彼此的表达中发现对方的逻辑谬误,促使每个学生主动参与讨论,在具体的语言实践活动中发展语言能力与思维能力。

第三,本节课借助数字化平台,创新教学,探索"读写融合"的新模式。"数智"时代,"AI+教育"驶入快车道,AI在教育垂直领域的实践探索已成为绕不开的话题。本节课引入数字化教学平台,探索尝试新的教学手段,推进课堂教学有效发展。通过数字平台,每个学生绘制思维导图的过程都得以即时呈现,每个学生的投票结果及变化也会即时得到可视化。学生在组际交流,尝试逻辑说服的过程中,被说服者可以随时改变立场,通过改变的可视性使学生切实感受到逻辑带来的说服力量。

此外,本节课也引入了AI助手辅助教学,希望探索作为教学辅助手段的AI如何在实际的教育教学实践中落地。AI人工智能与学生同步进行写作,学生在理解 AI 写作文本的过程中反思自己的写作实践。AI 可以陪伴人学习、可以与人合作学习,但不能替代学习。如何处理好人和 AI 之间的关系不仅是教师应当探索的,也是学生所应当反思的内容。

第四章

悟其意:"读写融合"之思

数智时代,我们在素养指归的"读写融合"发展之路上不懈地努力和实践,"读写"学习是语文学科的学习核心,"融合"发展是现实的需要,也可能是未来学习历程的必然。我们要培养怎样的"人",如何培养"人",都是当前教育的重要责任,也是教育者无法回避的问题。经历了从"善读善写"到"读写融合"的发展之路,我们也需要不断总结实践中的优势和获得的成效,也需要继续对语文学科的读写教学再反思、再总结,探索研究之路不尽,面对未来,更需要我们在教育的不确定中找到我们的准确定位和前行方向。

第一节 学生的"真学"与"深思"

双新背景下的"读写融合",欲以达成学生素养落地的真实学习体验。相对而言,虚假学习是一种表面上的肤浅学习,学生没有真正理解和内化所学的知识,也没有达到深入理解和应用知识的水平。比如,死记硬背、浅尝辄止都是假学习的表现形式。如何摆脱假学习的束缚,只有通过深入探究和实际应用来提高学习效果和知识的价值。

"读写融合"是真正的学习吗?真正的学习并非单纯地记忆和模仿,而是指通过深入理解和内化知识、技能或概念,使其成为自身的一部分,并能够灵活地应用它们。所以,"读写融合"充分实现了学生的真学和思维的发展提升,在"读写融合"发展的学习过程中,学生保持积极的学习态度和正确的学习方法,不断反思和调整自己的学习过程,改变"学习状态",提升学习积极性。"读写融合"的作用效果是极其鲜明的。

比如,我们尝试对于统编版高中语文必修教材中的两部整本书进行关联阅读教学,在项目学习的情境中,不断驱动学生通过"读"再次走进文本,在合作学习中逐步完成相应的写作任务。学生能自主表达观点,阐释理由,以"读"促成"写",又在"写"的过程中再返归探究文本核心,从一定意义上来说,比较有效地解决了整本书"读与写"的难点,并且通过"读写融合"找到了跨文本关联的突破点和生长点,具有创新性和实践性,充分体现"读写融合"对整本书阅读教学的意义和价值,更显现读写整体性教学的延续性、拓展性、开放性、综合性和探究性。[1]

---

[1] 黄伟.读写融合:追求双向共赴和双效共生[J].语文建设,2023(15):4-9.

让学生读懂、读透、读通多文本,即体现项目对学生"语言建构与运用"的培育;通过关联《乡土中国》与《红楼梦》两部著作,在"踏查"和"蹲点"中鉴赏环境之美,体悟建筑与人的特殊关系,理解不同空间场所设置具有不同的文化蕴意等,即体现"审美鉴赏与创造"的素养培育;引导学生理解《红楼梦》中的"乡土性",领悟两部著作内核深层的思想文化意义,即指向学生对"文化传承与理解";学生能运用关联理论,对自己曾经阅读过的著作作品进行反思,深化对已学书籍的认识与理解,今后还能在关联阅读整本书新思想的推动下,更好地形成发散性、整体性和独创性的思维模式,进行自主关联研讨,提升自己的阅读能力,即充分体现学生阅读"思维发展与提升"。

所以,"读写融合"使学生自觉地整合阅读与写作,在整本书阅读中提高了读写能力、自主学习能力、高阶思维能力,有效达成了素养落地的真实学习体验。

第二节 "真实教学"与"内生动力"

真实性教学的维度是我们评价教师教学质量的标准。美国著名的课程与教学专家纽曼教授等人在多年研究"如何提高教学的质量与学生的学习成绩"这一问题时,提出了要达成学生的"真实性成就(Authentic student achievement)"[1],真实性成就包含学生在学习过程中对知识的建构,在探究中建构意义,以及学习结果可运用于考试以外的实际生活情境等。事实上,"真实性教学"是学生达到"真实的"学习成效的前提,也成为我们衡量教师教学所体现的智力质量的标准。由此,我们在探索"读写融合"的教与学的过程中,基于情境和任务推动"读与写"不断往前发展。

比如,我们在整本书阅读单元,学习《乡土中国》时,目的在于学以致用,能帮助学生运用理论和方法,认识当下乡村社会的巨大变化,那么我们在初读阶段,需要学生能够了解学术著作的概念,并且知道作者提出了哪些核心概念,作者的观点又是什么,如"礼俗社会""差序格局"等;继而再读的时候,需要读懂关键概念之间的联系,也就是要读懂概念、理解掌握概念并形成知识体系;再进一步,则需要联系当下,迁移转化,灵活运用概念找到其与现实生活的关联。在这样一步步读写的进阶过程中,积累阅读经验,收获学习体验。再如《红楼梦》长篇小说阅读,单元学习任务要求完成一篇综述。写综述的要求,同样需要我们阶段性的落实读写任务,比如在初读阶段,可以引导学生梳理情节,画出人物关系图,捋清小说人物关系;再细读主要情节,引

---

[1] Fred M.Newmann, Gary G. Wehlage. Five Standards of Authentic Instruction. Educational Leadership, 1993, 50(7):8-12.

导学生能欣赏人物形象,鉴赏小说主要人物形象,把握小说中精巧的艺术结构;再深悟,所阅读的情节会带给自己怎样的思考和体会,在品读的过程中能整体把握小说的艺术价值,探究作品的内涵主旨,进而获得审美体验,提高语言鉴赏能力和运用能力。这样也让学生逐步建构阅读长篇小说的经验。

又如,语文必修(下)第一单元,主题是"中华文明之光",对于三课选文的古典作品学习,学生需要读懂大意,概括主要内容;继而需要读出文本各自特点,比如诸子散文在论事说理方面的不同特点;史传散文在叙事写人方面的艺术手法;在这样的读写融合发展学习中能鉴古观今,提高思辨能力,掌握论说的方法。所以,无论对于整本书阅读学习还是大单元学习,读与写的融合发展过程中,要让学生在读写任务的进阶中充分发挥智慧、积极主动地投入学习,这才是我们追求的真学真教。我们评价教师的教学活动时,纽曼教授提出评价的不应该是某种技术过程或学生"举手如林"的表面参与,而是更为基本的质量标准。[1] 在"读写融合"的发展性学习过程,对学生进行真实性教学,在重视读写基本知识和基本技能的同时,更强调高层次的认知,在读写任务发展中驱动和提高真实智力活动的层次,让学生通过积极迎接复杂的智力挑战的方式来获得素养和技能,真实性教学更促进和提升学生学习的智力质量。

其次,我们从教师的内生动力角度来看"读写融合"的实践。正是基于学生的学习方式的改变,对于培养学生主动解决实际问题和创造的能力具有重要的启示意义,那么,对于教师自身专业发展,教师所遇的最大竞争力应是教师的认知。因此,教师的内生动力被看作是个体认知发展的决定性因素,它是在教学过程中产生的不断提升自我、追求高质量教育教学目标的主动愿望,内生动力具有一种自发性、潜藏性和精神崇高性,对于教师的专业发展和素养提升具有积极效应。当我们经历过"读写融合"的具身性研究,我们更看到老师来自内心需求发展和提升自我的愿望和积极性,而在对学生的"读写"学习的融合发展中,也鼓励和推动教师自我对"读写"的扩展性思考和深入实践。因此,"读写融合"让我们真教实学、细思深研,也更激发教师个体的内生动力去探索解决教育中的不确定。

---

[1] 胡忠光. 教育心理学 [M]. 北京:教育科学出版社,2011.

第三节　课堂的"形变"与"坚守"

通常意义来说,课堂是学生学习活动的场所,也是我们实现育人的主渠道。课堂上,学生是学习的主体,是学习的主人。因此,教师在课堂教学中依据学情创设一定的情境,让学生在特定的环境中进行实践体验,使他们在这样或模拟仿真或具体真实地活动中,去感悟道理、体验情感、收获成长。不可否认,课堂学习的本质是让学生获得有意义的生命成长,课堂是学生成长的重要场域。这就是课堂学习的重要意义所在。

"双新"理念的推动下,我们探索语文学科学习的"读写融合"发展,并不是流于表面的形式主义,更不是套用新概念的虚化主义。语文学习过程中,我们重视"读"与"写",并且在"读"与"写"的发展中不断走向融合发展,其本质坚持的始终是素养目标,是语文核心素养的培育。基于此,笔者始终认为,无论课堂是读为重抑或写为重,这都不是重点要去纠结或讨论的点,在课堂上,所有的学习行为或教师的活动设计,有一定程度上的改变或变式,这都是我们可以去理解和变通的方法,但是坚持的教学目标不能变,最根本的课堂学习的目的不能变,在课标引领指导下落实教材要求的学习更不能变。

当然,我们提出的"坚守",不是简单认知的墨守或固守。"坚守"之意,即坚定地遵守或保持,不轻易放弃。不仅仅是一种精神追求,也是一种实际行动,在不同领域中展现人们对信念、责任和承诺的执着追求和持续努力。这就是我们在"双新"的推动下,需要去更扎实、更深刻地去理解和领悟新课标的要求,新时代发展过程中对育人目标的认识。《新课标》中指出:"语文课程是一门学习祖国语言文字运用的综合性、实践性课程","从整体上把握文本内容。注重个性化的阅读,充分调动自己的生活经验和知识积累,在主动积极的思维和情感活动中,获得独特的感受和体验。"《课标》的要求让我们明确了语文学科的特点,"综合性和实践性"强调语文与社会生活的密不可分,决定了在语文阅读教学中必须重视阅读文本,感悟所读文本的语言文字意义和语境特点。其次,《课标》提出"整体上把握文本",学界对语文教学的"整体性"讨论也是比较多的,主要还是针对当下教学存在较多碎片化、浅表化、囫囵吞枣现象。所以,我们应该是在"读写融合"的实践发展中,努力构建课堂学习的多样性和丰富性,关注课堂学习的综合实践,以更好地实现语文课程多维建构的整合性和综合性。

进而再从语文课程的综合性与整体性出发,我们积极遵循教材编排特点和课程标准中的相应要求,以"读写融合"为策略,做更多层面和维度的思考和探索。比如,实现多文本联读的整本书阅读,可以让教师自身立足点更高更上位,视野也更开阔,建立大语文的课程结构意识,打通教与学的关键点,突破整本书阅读教学的困境,解决整本书阅读教学重难点。在整本书的关联阅读项目中,让学生从社会学视角展开"田野"调查,通过"踏查""蹲点""收集"和"专访"的形式进行学习研究,最后拟写一份综合而全面的"田野"调查报告。这样的项目化学习一定程度上是体现了语文学科的综合性和整体性,在形变中打破阅读文本篇目界限的基础上,将单文本整本书阅读不断往纵向深入,多文本整本书阅读再不断横向拓展延伸,在文本互释照应比对中,有利于增强语文教学的关联性、互通性,不断形成多维度建构的新型阅读模式,有利于发展"整体性"语文教育模式。在"读写融合"的形变中又始终保持坚守,坚守的是语文课程的本质与核心,坚守的是《课标》所指向的素养目标和关键能力,这才是真正有意义的坚守。

第四节　教学的"创新"与"发展"

　　读写融合发展的教与学,也能进一步促进"两个跨越"的未来深度思考。也即基于读写融合的跨文本、跨学科教与学,既带来了新的挑战也带来了新的期待,从"融合"走向"两个跨度"或者说"跨越",将通向怎样的未来,我们也是在尝试和探索中逐步发展。

　　一方面,新技术的应用推动了学习方式的革新,打破了时间和空间的限制。"数智融合"的时代使更新颖的学习方式和更多综合素质评价成为可能,更好地实现了在情境、任务中的合作学习。"双新"背景下,让学生在情境、任务中实现真实学习,在读写过程中,学生积累名言佳句、梳理主要内容表格、制作思维导图、合成电子档案册、录制小视频等合作学习任务,在真实学习情境中更好地展现和发展自身的综合素质。因此,"数智融合"的新型学习环境中,学生不再局限于教室内的传统学习,而是可以通过各种数字平台获取专家的线上引领、教师的线上微课,拓展学习资源,又适应个性化的学习。线上教学平台更是打破"围墙",提高了教育资源的可及性,将优质的教学资源通过云端提供给更广大的学生群体,实现教育的公平化和普适性。某种程度而言,这也是一种跨学科的学习发展,通过读写的任务推进中,更好地实现跨学科的融合发展。

　　另一方面,语文教材中的众多优秀阅读作品,一定会使读者在不同的阅读背景之下有不同的阅读收获。以教材整本书阅读为例,我们初读《红楼梦》,可能读到的就是宝黛钗三者之间的爱情故事;再读《红楼梦》,我们可能会读出贾府的盛衰和家族变迁其背后的社会环境因素、特定时代缘由;三读《红楼梦》,我们可能又会读到贾府大观园所折射出的众多文化,如乡土文化、茶酒文化、诗礼文化、建筑文化……可谓常读常新，再读再新。从这一点上来说，作为教师更需要反思，反思自己习惯性的固化教学模式，触动我们去思考变化，文本阅读是否可以从"单"走向"多"，我们的教学是否也可以从单向度讲授走向更多元的读写融合方式；从偏重知识与技能、一味追求规范统一，转变为更立足读写一体化的综合教学，关注培养兴趣、习惯，培养思维品质、能力素养。在教学策略和实践方式上致力于多元，在教学思路上更致力于开放中融合，变化中融通，在努力求变、积极求变中不断帮助学生更好地学，更有效地学。我们在"读写融合"的发展中不断总结和反思的跨文本学习，致力于在这样的跨越突破和融合发展中更好地实现学生的真实学习、有效学习、发展性学习，这也是我们在"双新"时代所要追求实现的素养目标。

综上所述，阅读是涵养性情，养成静心学习的习惯，写作是阅读后的外显效果呈现，"读写融合"的整本书阅读实现连"点"成"线"最终形成"面"的学习过程，"读"与"写"的积累共生，"读"与"写"的融会贯通，为培养学生良好学习习惯提供了牢固的保障。更进一步说，学生个体的终身发展与社会发展需要的必备品格和关键能力的实现，也需要在创新融合的过程中发展。通过新的尝试和突破，不断促进提升教师自身的专业素养，也为实现教学方式的突破和变革作出了一定的努力。

后 记 / Postscript

对于一线教师而言,要做一个项目,参与一个课题研究,总是会有百般借口去搪塞,常常用"不知道""不会""不懂"将其拒之千里,畏难与退缩总是很真实地在"研究"前占领了上风。事实上,真的很难吗?真的是不会吗?再静心细思,作为教师,如果我们要对自己的课堂有反思,对自己的教学成效有追求,对自己的教学方法有理据,那只有在课题研究的过程中获得指导和帮助,得到启发和教益。

刚刚接触"PBL"(项目化学习)之初,对这一新名称有好奇心,这是一种怎样的学习方式,语文课能成为一个项目吗?带着种种疑问,我走进了夏雪梅的专著《项目学习设计:学习素养视角下的国际与本土实践》,书中提到在"做中学""学中做",所以阅读的同时,我又结合自己的教学实际,对于新教材中的整本书阅读单元尝试进行项目化学习设计,用项目化学习突破整本书阅读的教学难点,也逐步形成了自己的设计亮点,成效颇丰。

"双新"课改的步伐不断前行,对于教学的学理要求和课堂实践的素养落地,也提出了极大的考验。我有幸加入到区教研员沈燕老师带领的语文学科高地项目,课题方向定位在语文读写融合的实践研究。所以,参与课题也是倒逼自己对于所在的学科领域更进一步地钻研与探究。从语文学科教学来说,无非是对学生"听、说、读、写"的能力培养,而在"双新"背景下再深入探索"读写融合"的必要性、合理性、可能性、实操性等等,要不要做,该如何做,能怎么做……一系列的问号在脑中闪现,一个新的挑战似乎又摆在眼前。

进入一个课题研究,需要对相关文献进行查阅搜索,也需要通过一定范围的调查问卷了解基础信息,当有了这些初步条件后,我们才可以推进下一步的研究。

五十多年前语文教育前辈叶圣陶先生所著的《语文教学二十韵》,对我的启发非常大,成为我教育工作路上的箴言。叶先生的文字如此温暖而有力,真诚而有情,可谓大道至简。"双新"课改背景,也促使我去更深入地理解叶先生提出的"善读善写"理念,在《语文教学二十韵》中所提到的遵路、识真、入境和悟理的教学发展规律中,去深耕开拓,研究走向追求"读写融合"的发展之道。这也是我写这本书的动力和源泉,前辈的思想理论给予我勇气与信念,指引我坚持去探索语文学科教育的本质,坚持去实践语文课堂教学的新发展。

"双新"背景下,对于这一"新"的目标和要求,我们始终要有一种坚持的态度和实践尝试的行动力,才能使自己从事的教学和研究的内容更有意义和价值。中国儒家经典所言"苟日新,日日新,又日新"(《礼记·大学》),这是从动态发展的视角告诉我们要不断求"新",始终保持"新"的状态,任何发展前进的前提就是需要"新"。再看新文化思潮影响下,鲁迅先生主张开阔视野,不但要尽可能发现并尝试更新领域,还要有积极主动的态度以及无所畏惧地进行文学革新的精神,"运用脑髓,放出眼光,自己来拿""放开度量,大胆地,无畏地,将新文化尽量地吸收","新"也是鲁迅先生一直都追求的坚定目标与方向。

最后,还想在此表达我衷心的感谢。真诚感谢我身边的家人和师友们。写作本书,离不开的是家人的陪伴和鼓励,感恩你们给予我的关心和爱护,让我坚持完成此次写作之路。其次,写作本书,离不开师长对我极大的帮助和指导,特别要感谢王意如教授、郑朝晖老师、张强老师、沈燕老师,一直以来对我的支持和厚爱,使我更明确了研究的路径和方向,更深刻地认识研究的价值和意义所在。同时,也要感谢我的好朋友蔡天琪老师、朱沁芸老师的参与和支持,每次"头脑风暴"总能碰撞出"火花"。总之,一切言语都不足以表达此情此意,感恩所有。

当然,对于"新"的研究发展,过程中肯定存在种种的不足和缺憾,比如本书中对课例中某些环节设计的说明阐述可能还不够充分,书中对前辈学者的教育理念和教育思想的理解上可能尚不够全面透彻。对于这些方面,后续希望专家老师提出批评指正,不当之处也敬请包涵。

吴云洁

2025 年 1 月于上海